Constant von Wurzbach

Die Herren und Grafen von Stubenberg

Eine genealogisch-biographische Studie

Constant von Wurzbach

Die Herren und Grafen von Stubenberg
Eine genealogisch-biographische Studie

ISBN/EAN: 9783743627635

Hergestellt in Europa, USA, Kanada, Australien, Japan

Cover: Foto ©ninafisch / pixelio.de

Weitere Bücher finden Sie auf **www.hansebooks.com**

IOH:WILLH:
STUBENBERG
Schallaburg, vnd
SchenK. in Steir. in
schaft der UnglüKK:

HERR. VON
adf. Kapsenberg.
Sichtenberg. Erb=
der Früchtbr: Gesell:
eeelige. Rüdolfchi Sch=

Die

Herren und Grafen von Stubenberg.

Eine genealogisch-biographische Studie

von

Dr. Constant von Wurzbach.

Mit drei Stammtafeln.

Wien, 1879.

Druck der k. k. Hof- und Staatsdruckerei.

A. Genealogie und Quellen zur Genealogie und Geschichte.

I. **Zur Genealogie der Herren und Grafen von Stubenberg.** Gleich anderen Familien des hohen teutschen und ausländischen Adels, wie z. B. die M o n t m o r e n c y, D a l b e r g, A u e r s p e r g, geniren die S t u b e n b e r g die zweifelhafte Gunst, von historischen Speichelleckern ihren Ursprung in eine Zeit zurückverlegt zu sehen, für welche es an allen urkundlichen Nachweisen gebricht, so daß es nicht Wunder nehmen kann, wenn von Zweiflern am Ende selbst das geschichtlich Beglaubigte in Frage gestellt wird. Auch werden bei den S t u b e n b e r g wie bei anderen Dynastengeschlechtern Ereignisse späterer Zeit in eine frühere versetzt, eben um dem Alter des edlen Geschlechtes eine prähistorische Patina zu geben. Wie verlockend es auch wäre, solche Ergötzlichkeiten der genealogischen Forschung, die eben durch dieselben viel von ihrem rinstigen Nimbus einbüßt, unseren Lesern aufzutischen, so liegt doch dergleichen weit ab von den Aufgaben, welche Herausgeber dieses Lexikons sich gestellt, und welche zu lösen zunächst sein Bestreben ist. Uebrigens wird das Wesentlichste davon weiter unten im Abschnitte „S a g e n, d a s H a u s S t u b e n b e r g b e t r e f f e n d", in Kürze erwähnt werden. Doch einer dieser genealogischen Phantasien muß hier schon näher gedacht werden, erstens weil ihr ein Körnlein Wahrheit zu Grunde liegt, und zweitens weil sie einen indirecten Beweis liefert für das hohe Ansehen, in welchem die Herren von S t u b e n b e r g, die sich eben darum nur H e r r e n und nie Grafen oder Barone von S t u b e n b e r g schreiben wollten, seit Jahrhunderten gestanden. Ungefähr ein Jahrhundert vor jener Zeit, in welcher vereinzelt auftauchende Familiennamen im Ringen mit der altgewohnten Benennung nach dem Ansitze zu dauernder Geltung zu kommen suchten, sei, so berichten mehrere Genealogen, **Wülfing** von S t u b e n b e r g nach achtjähriger Abwesenheit im Kriege nach Kapfenberg zurückgekehrt, um nun seine Geliebte, **Agnes** von H a b s b u r g, deren blonden Haarzopf er stets in silbernem Verschlusse

am Helme getragen, als Weib heimzuführen. Da habe der Todtgeglaubte, der seine A g n e s als Braut R ü d i g e r s von K u e n r i n g wiedergefunden, diesen genau am 17. Mai 1009 auf dem Plateau des 5131 Fuß hohen Rennfeldes (der Name stützt sich auf diese Sage) nächst Bruck getödtet. H o r m a y r in seinen „Beiträgen zur Lösung der Preisfrage des durchlauchtigsten Erzherzogs J o h a n n für Geographie und Historie Innerösterreichs im Mittelalter" widmet (Bd. I, S. 145) einen längeren Abschnitt der Aufgabe, die Täuschungen dieser Sage bloßzustellen. Bei der immerhin ganz glaubwürdigen Ursache des Zweikampfes läßt sich wohl annehmen, daß derselbe stattgefunden habe, ob aber genau am angegebenen Tage, welchem eine übrigens nicht auffindbare Urkunde zur Folie dienen soll? ob mit einem K u e n r i n g e r? ob wegen einer von H a b s b u r g, die in den S t u b e n b e r g'schen Stammbäumen mit dem Prädicate Gräfin und der Jahreszahl 1000 als Ahnfrau glänzt? — Der Ahnherr der K u e n r i n g e r, Azo von G o b a t s b u r g, tritt erst 1037 urkundlich auf, wie wäre es möglich, daß einer seiner Nachkommen, unter welchen wir übrigens wohl gar manchen Hadmar, Albero und Heinrich, aber von 1037 bis 1594 nicht einen einzigen Rüdiger oder Rudger finden, schon 1009 im Zweikampfe gefallen? Und erst die Habsburgerin! Nach Hormayr wurde die Habsburg im Schweizerlande — jedenfalls von Stubenberg und Kapfenberg local sehr getrennt — erst um 1020 durch Radebotn Grafen im Aletgau und seinen Bruder Werner, Bischof von Straßburg, gebaut und ihr zugleich dieser Name beigelegt. Beider Vater, Kanzelinus, wird in den Zeitbüchern Graf bei, nicht von Windisch, erst 1099 in einer römischen Bulle Werner der Fromme: Graf zu Habsburg genannt. Wie ist es also denkbar, daß schon vor dem Baue der Habsburg, 1009 eine Tochter dieser Burg den Anlaß zu einem Zweikampfe auf Leben und Tod gegeben habe? Was es also mit der pietätvoll bewahrten silbernen Kapsel, welche den Haarzopf einer blonden deutschen Jungfrau birgt, für eine Verwandtniß habe, läßt sich nicht gut bestimmen. Vor der Hand mag sie uns als brauchbarer Balladenstoff erscheinen, wie ihn denn auch J. J. Hanusch wirklich in regelrechten Versen und vorwiegend männlichen Reimen von großer Reinheit in seinem „Wülfing von Stubenberg" verarbeitet hat [,Oesterreichische Adelshalle. Sammlung historischer Dichtungen" (Wien 1842, Franz Wimmer, 12°.) S. 308]. Allem Anscheine nach ist die Sage von dem Kuenringer und der Agnes von Habsburg aus einer zwei Jahrhunderte danach in der That bestehenden Verbindung der Stubenberg mit diesen beiden Dynastengeschlechtern herausentwickelt und der wirklich vorhandene Kern mit einer fremden Schale umhüllt worden. Von den Kuenringern kauften die Stubenberg 1288 die noch heute in ihrem Besitze befindliche Veste Guttenberg an der Raab. Diese urkundlich feststehende Thatsache straft den Denkstein über dem Schloßthore mit der Jahreszahl 904 und dem Auker auf dem Adlerfluge Lügen. Dieser Denkstein ist, nach seinem Style zu urtheilen, wahrscheinlich ein Product des 13 Jahrhunderts, aus der Zeit der wirklichen Erwerbung der Burg, wo die Stubenberg statt des früheren Thieres (bis 1188) bereits den Anker (seit 1215) als Symbol in ihr Wappenschild aufgenommen hatten. Die Jahreszahl wurde erst (später hinzu erfunden und eingemeißelt. Da die Stubenberg zur Zeit, als der erste Kaiser unseres erlauchten Herrscherhauses eben zu dieser höchsten Würde gelangt war, mit den Habsburgern in verwandtschaftliche Beziehung traten, so standen sie um so eifriger unter den Vordersten der steierischen Adelschaft, welche für die Verdrängung des Böhmenkönigs Ottokar aus der Steiermark zu Gunsten des Hauses Habsburg Leib und Leben einsetzten. Friedrich von Stubenberg focht in der Schlacht auf dem Marchfelde für Rudolph von Habsburg, derselbe Friedrich, welcher 1191, als des alten Kaisers Rudolph Leiche kaum kalt geworden, dessen stolzen Sohn, Herzog, nachmaligen Kaiser Albrecht zuerst mit Worten an die Bestätigung der Landesfreiheiten der Steirer mahnte, dann aber mit der Schärfe seines Schwertes diesen Worten Nachdruck gab, indem er allein beim Anzuge des Herzogs nicht flüchtete, sondern bis aufs äußerste kämpfte. Dieß durfte in jenen Tagen wohl nur der Schwestersohn des Grafen Friedrich II. von Ortenburg-Sponheim, zugleich Gemal der Tante des Habsburgers wagen, ohne nach seiner Besiegung die Empörung mit dem Tode bezahlen zu müssen. Die beigegebene Stammtafel III veranschaulicht die Verbindung des Hauses Stubenberg mit dem mächtigen Hause Ortenburg-Sponheim in Kärnten, dadurch jene mit den Grafen von Görz und Tirol, sowie mit den Habsburgern, und sie gibt zugleich eine übersichtliche Darstellung des Anfalles von Kärnten, Tirol und Görz an das Haus Habsburg. Auf ihr lesen wir übrigens den Namen Stubenberg nochmals, denn der Ohm des letzten Grafen von Görz und Pfalzgrafen in Kärnten, Johann Meinhard (gest. 1430), hatte Agnes, die Schwester des letzten Pettauer's, zur Gemalin, die sich dann 1432 mit Leuthold von Stubenberg, obersten Schenk und Landeshauptmann in Steiermark, vermälte. Beider Sohn Hans bereitete, verlockt durch seinen großen Besitz, vielleicht auch veranlaßt durch Feindseligkeiten, die aus der kaiserlichen Umgebung genährt wurden, als Verbündeter des waffengewandten Andrä Baumkircher dem habsburgischen Kaiser Friedrich III. manche bittere Stunde, sich selbst aber endlich schwere Haft, welcher der Verlust eines großen Theiles seines mächtigen und ausgebreiteten Besitzthumes folgte. Noch mit einer anderen uralt-adeligen deutschen Familie traten die Stubenberg in verwandtschaftliche Verbindung, als nämlich Georg Augustin, ein Enkel des obigen Hans, durch seine zweite Ehe (1663), mit Ludovica, Tochter des Rheingrafen Wolfgang Friedrich in Daun, mit den Häusern Nassau, Hanau, Hohenlohe, Solms u. a. verschwägert wurde. Der angedeutete urkundlich vergewährte genealogische und historische Besitz gestattet also dem Geschlecht der Stubenberg die Concurrenz mit den erlauchtesten und berühmtesten Adelshäusern Deutschlands, sie sind bei diesen Verhältnissen in der Lage, daß ihnen von der Schmeichlerzunft aufgedrungene zurückzuweisen, da eben das, was sie geschichtlich besitzen, hinreicht, ungewöhnlich hohe Ansprüche zu erheben. Die beigegebenen Stammtafeln sind bis zum 16. Jahrhundert durchaus nur auf Urkunden gebaut, vom 16. Jahrhundert an wurden die Familienschriften benützt, und nur, wo diese sich lückenhaft zeigten, wie namentlich bei der Wurmberger Linie, mußten die wegen ihrer Richtigkeit in Betreff dieser Zeit weniger anfechtbaren Hübner'schen Tabellen und andere genealogische Behelfe, allerdings mit Vorsicht, benützt werden.

Bezeichnend ist die Charakteristik dieses Geschlechtes, wie Hormayr sie gibt, wenn er schreibt: „Die Stubenberge, ein Haus, erlaucht, gleich den meisten Regentenstämmen, in uralter Freiheit, in Dynastenwürde, eine vollständige Schicksalstragödie in verschiedenen verhängnißvollen Acten, bart bedroht unter Ottokar wegen Verdachtes der Empörung; in offenem Aufruhr gegen Albrecht und seinen Minister Heinrich, Abt zu Admont; in bedenklicher Verbindung mit dem neuen Kaiserhause Luxemburg gegen Friedrich den Schönen (?); an den Gewaltthaten des gereizten Helden Andreas Baumkircher, als Freundes und Verwandten, wohl nicht schuldiger als der allein bestrafte Rudolph von Wartb am Morde Kaiser Albrechts; unter Ferdinand II. zum Theile bis nach Sachsen und ins ferne Rußland vertrieben, wegen Anhänglichkeit an die neue Lehre und an den Winterkönig Churfürsten Friedrich von der Pfalz". Und wahrlich, wenn wir die Geschichte dieses Hauses im großen Umrisse überschauen, gewahren wir in der Zeit der Blüthe des Geschlechtes, d. i. im 13. bis 15. Jahrhunderte, eine Ritterlichkeit, ein energisches, manchmal die Grenzen der Klugheit überspringendes Bewußtsein seiner auf weiten Landbesitz fußenden Kraft, wie solches in Steiermark mehrere Generationen hindurch nur noch bei den Wildonern, Liechtensteinern und Cilliern, in Kärnthen allein bei den Auffensteinern zu Tage tritt. Die Stubenberg, deren gewöhnlicher Vorname Wülfing an den „Ring der Nibelungen" mahnt, haben die ihnen vom Schicksal zugetheilten Gaben nicht einfach nach alltäglichem gemeinen Begriffe genossen. Sie wußten durch dieselben ihre Macht über den gewöhnlichen Haufen unter und neben ihnen mit Nachdruck zu behaupten. Durch die mit dem Anbruche der neuen Zeit sich erweiternde landesfürstliche Macht vollzog sich eine bedeutende Wandlung in der Stellung des Adels, und in Erkenntniß dessen, sowie in Erinnerung an die schweren Verluste, welche Hans von Stubenberg als Verbündeter Baumkircher's erlitten

hatte, mahnten die Väter dieses Hauses aus eigenem Antriebe ihre Söhne, dem Landesherrn in unverbrüchlicher Ergebenheit zu dienen. Aber noch einmal ergriff gewaltige Aufregung nicht nur die Stubenberg, sondern auch andere Edle ihres Heimatlandes, zur Zeit der Gegenreformation Ferdinands II. An bewaffneten Widerstand konnten sie klugerweise nicht denken, doch ihr unbeugsamer biederer Charakter verläugnete sich auch in dieser Lage nicht. Vermochten sie sich gleichwohl der mißliebigen Glaubensordonnanzen im Heimatlande nicht zu erwehren, so verließen ihrer viele doch lieber den Boden, den die Väter im Kampfe für ihre Meinung oft genug mit ihrem Blute gedüngt. Und gerade von den Auswanderern sind manche achtenswerthe Spuren der geistigen Richtung ihres Schaffens zu verzeichnen, wir erinnern beispielsweise nur an Johann Wilhelm [B. 21, Nr. 23]. Auch bieten Belege eines milden und freigebigen Waltens in diesem Geschlechte zahlreiche Urkunden über fromme oder sonst wohlthätige Stiftungen.

Fragen wir nun nach Brief und Siegel ihres Herkommens, ihres Adels, so haben wir es wieder mit einem seltenen Ausnahmsfalle zu thun. Sie vermögen nichts dergleichen aufzuweisen, und doch steht ihre Sache so, als ob sie vollgültige Belege über und über hätten. Zu den Zeiten, als die Stubenberg und Kapfenberg gebietende Edle, als sie Dynasten wurden, gab es keine Briefe, welche gerade dies, und zwar unmittelbar bestätigt hätten. Wir müssen uns daher mit indirecten Beweisen ihrer ausgezeichneten Herkunft begnügen, deren aber sind in guter Anzahl in den ältesten Urkunden des Landes über die wichtigsten Angelegenheiten desselben vorhanden. Die erste urkundliche Spur verweist uns auf das Jahr 1133, wo die Brüder Otto und Gottschalk von Stubenberg im Gefolge des Babenberger Markgrafen Leopold IV. genannt werden. Wenn sie zu jener Zeit bereits zu dem hervorragenden Adel zählten, müssen sie wohl geraume Zeit vorher schon Rang im Volke und auch Macht besessen haben. Ihre Stammburg war Stubenberg an der Feistritz, eine Veste, die der Sage nach so umfangreich und zugleich so belebt gewesen, daß von den Knechten der Besatzung zu Festtagen die eine Hälfte die andere in derselben Pfarrkirche ablösen mußte, um in derselben Platz zu finden. Bereits im 12. Jahrhunderte ist eine Schreibung in Linien bemerkbar. Mit dem wachsenden Besitze ging das Streben nach Erweiterung des eigenen Horizontes Hand in Hand, unternehmende Geschlechtsangehörige kamen dann wohl bei Ueberschreitung des Gebirges in das breite und üppige, an allen Naturgaben reiche Mürzthal und ließen sich unweit Bruck am Knotenpunkte wichtiger Straßenzüge zu Kapfenberg nieder. Von da an concentrirte sich allmälig der Hauptbesitz um Kapfenberg, während Stubenberg später durch eigene Burggrafen verwaltet wurde, bis es zur Zeit der Gegenreformation in das Eigenthum der Familie Herberstein überging. Die Erwerbung von Kapfenberg, welcher jene von Mureck in Untersteier früh folgte, bereitete bei der damals üblichen Benennung nach dem wirklichen Besitze zugleich den Genealogen nicht geringe Schwierigkeiten, aber aus Urkunden, welche noch vorhanden, läßt sich der Nachweis leicht herstellen, daß die Stubenberg und Kapfenberg eines Stammes sind. Mittlerweile kamen die Geschlechtsnamen allmälig in Uebung und damit entfiel endlich die Benennung der Familie nach dem Grundbesitze Kapfenberg, welche bis zur Mitte des 13. Jahrhunderts nur stellenweise noch vorkommt. Schon 1160 ist von Otto (I.) von Stubenberg und Bernhard von Mureck als Wohlthätern des Spitals in Geerwald und Semmering die Rede. 1170 befanden sich die Brüder Wülfing von Kapfenberg und Otto von Stubenberg sammt dessen Sohne Wülfing in der Umgebung Kaiser Friedrichs I. von Hohenstaufen, als dieser zu Friesach und Leibnitz weilte. Des letztgenannten Wülfing Bruder Ulrich (I.) von Stubenberg wird in den meisten Diplomen des Markgrafen Ottokar von Steier, auch in dem letzten desselben von 1191, sowie in der ersten Urkunde des neuen Herzogs Leopold als Tugendhaften aus dem Babenberger Hause 1192 unter den vornehmsten Landesedeln genannt. Unter dem Banner Leopolds des Glorreichen, dem Oesterreich seinen rothen Schild mit dem weißen Balken verdankt, hauchte Ulrich im fernen Morgenlande seine tapfere Seele aus. Vor dem Tore hatte er den Johanniterorden mit Besitzungen in der Steiermark beschenkt, diesem so den Eingang in dieses Land eröffnet. Ulrichs gleichnamiger Sohn wird in den öffentlichen Documenten unmittelbar hinter den

Grafen genannt, hatte er sich doch aus dem reichsunmittelbaren gräflichen Hause der Ortenburg seine Gemalin geholt. Ihn dürfen wir daher bereits als einen Freien, als Dynasten ansehen Ulrichs II. Bruder, Wülfing tritt 1224 an der Spitze von vierzig Vasallen auf dem Turniere zu Freisach (oder Friesach) auf, stellt daselbst mächtige Grafen in den Schatten, den patriotischen Ulrich von Liechtenstein entzückend, der über den biederen Herrn auf Kapfenberg nicht genug des Lobes zu sagen weiß. Die Thatkraft dieses Helden lernte Kaiser Friedrich auf dem Kreuzzuge von 1228 kennen. Was hie und da von Wülfings Theilnahme an dem Vollzuge der Reichsacht wider Friedrich den Streitbaren aus dem Hause Babenberg (1237) berichtet wird, entbehrt aller urkundlichen Begründung. Er bekennt sich noch 1247 als Ministeriale des Herzogs von Kärnthen, es scheint aber dieses Datum für die Stubenberg die Grenzmarke dieses Dienstverhältnisses zu bilden, denn abgesehen davon, daß sie in den Urkunden von da an immer „Edle" und „Edle Herren" genannt werden, legitimiren sie sich von der Mitte des 13. Jahrhunderts ab insbesondere durch ihre nunmehrigen Familienverbindungen, dann durch ihr kühnes Auftreten wider Ottokar und Albrecht, ferner auch durch die Errichtung eines eigenen noch heute in Wirkung befindlichen Hausgesetzes mittels der Uebereinigung der Brüder Ulrich III., Friedrich II. und Heinrich I. von Stubenberg ddo. Ebassenberch 1292, als freie Landherren und Dynasten. Dieses Gesetz befindet sich im Joanneumsarchiv zu Graz unter Nr. 1426. Durch dasselbe nehmen die Stubenberg das Recht der Privatgesetzgebung hinsichtlich ihres unbeweglichen Eigenthums ohne die Intervention des Landesfürsten in Anspruch. Friedrich II. von Stubenberg mußte sich in Folge seiner Auflehnung wider Albrecht, als Besiegter zur Ministerialität bekennen. Thatsächlich sehen wir im 14. Jahrhunderte die Stubenberg als Vasallen und auch im Hofdienste der Herzoge. Unter den herzoglichen Vasallen nahmen sie allerdings den vornehmsten Rang ein, seit sie entweder im Jahre 1319 oder 1320 mit dem erblichen Mundschenken-Amte bedacht worden waren. Wülfing (VIII.) von St. wird der Erste als Schenk genannt, und seither haben sich die Stubenberg in dieser Würde behauptet, sind gegenwärtig auch die ältesten Erbamtsträger in allen österreichischen Ländern. Vor den Stubenberg war in Steiermark das Vincernat nicht einem Geschlechte, sondern immer nur einer Person gegeben. So waren im 13. Jahrhunderte in Steiermark Schenken: Albero von Grimenstein, Heinrich von Habsbach oder Hausbach, Erdenger von Laudesere, von 1296—1309 Ulrich von Ramenstein (Rabenstein?), 1319 Otto von Pernek. Auch war ihnen am 4. Februar 1347 von Herzog Albrecht und seiner Gemalin Johanna, gebornen Gräfin von Pfirt, erlaubt worden, aus ihrem eigenen Wappenkleinod den goldenen Bolschen von Pfirt im Wappen zu führen. Noch im 15. Jahrhunderte empfing ddo. Neustadt 5. März 1466 die Witwe Leutbolds von Stubenberg für sich und ihre Kinder vom Kaiser Friedrich III. das Vorrecht, vor keinem andern Richter als dem Kaiser selbst zu erscheinen, ein Privilegium, welches entschieden auf die einstige Stellung der Stubenberg als Dynasten hinweist. Doch ergeben sich hinsichtlich der Datirung dieser Urkunde nicht unerhebliche Zweifel, denn nach derselben war Leutbolds Gemalin im Jahre 1466 bereits Witwe, und doch sind verschiedene Urkunden aus 1467, 1468 und 1469 vorhanden, welchen zufolge Leutbold in genannten Jahren noch am Leben gewesen wäre.

Ungeachtet aller dieser Merkmale einer illustren Vergangenheit wurden die Stubenberg in neuerer Zeit zu Concessionen an die veränderten Zeitverhältnisse gedrängt, nachdem sie aus der Zahl des Uradels (in Oesterreich wenigstens) fast die einzigen sind, welche sich bei Adelsnachweisen nicht auf ein förmliches Diplom stützen. In Folge dessen begannen die Stubenberg dem ihre auszeichnende Herkunft ausdrückenden Titel „Herr" im Grafentitel nicht vor-, sondern nachzusetzen, sich also „Herren und Grafen zu Stubenberg" zu nennen und zu schreiben, und die Regierung nahm keinen Anstand dies in zahlreichen Acten anzuerkennen. Als Kaiser Leopold II. 1791 dem neugewählten Reichsfürsten und Bischof von Eichstädt die Bestätigung ertheilte, heißt es ausdrücklich: „Joseph I. aus dem Geschlechte der Herren und Grafen von Stubenberg". Schon Rudolph Herr zu Stubenberg, der als Gemal einer Herrin von Smilitz Herr der Herrschaft Neustadt an der

Nettau und zugleich ein naber Verwandter des Herzogs von Friedland Albrecht von Waldstein war, erhielt um 1610 das Incolat in Böhmen und wurde dort in die Grafenclasse eingetragen. Gelegentlich der Verleihung des ungarischen Indigenats an Wolf Herrn von Stubenberg 1653 wurde dieser als Graf in die ungarischen Gesetzbücher eingetragen, und thatsächlich ist die Familie St. auch in das ungarische Adelswerk von Joán Nagy: „Magyarország családai czimerekkel és táblákkal", d. i. Ungarns Familien, mit Wappen und Stammtafeln [Bd. X, S. 381] aufgenommen. Ausdrücklich nur um den angeregten Zweifeln gegen seinen hohen alten Abel zu begegnen, hat sich der am 30. September 1771 zu Dresden kinderlos verstorbene kursächsische Gebeimrath und Staatsminister Wilhelm August Herr von Stubenberg ein Grafendiplom ddo. Frankfurt 6. Mai 1742 erworben. Alle übrigen Stubenberg haben, vermöge ihrer Vergangenheit eine besondere Verbriefung für überflüssig erachtend, weder ein Fürsten- noch Grafen-Diplom gesucht, empfangen oder angenommen.

Was die Verzweigungen des Geschlechtes betrifft, welche die Stammbäume veranschaulichen, entstammen dem auf dem Kreuzzuge 1218 verstorbenen Ulrich I. von Stubenberg und Kapfenberg, in der bereits unter dem Urenkel Wülfing (VIII.) in zwei Hauptlinien gestalteten Generation, die beiden Ritter Hans (III.) und Leuthold. Letzterer (gest. um 1468) gründete durch das Erbe seiner Gemalin Agnes den Wurmberger Ast, dessen Descendenten nach großen Schädigungen im Besitze, in Folge der Theilnahme Johanns an der Empörung Baumkircher's, zur Zeit der Gegenreformation unter Kaiser Ferdinand II. sämmtlich nach Deutschland auswanderten, wo sie noch im 17. Jahrhunderte zu Nürnberg ausstarben. Der von Johann III. (gest. 1402) mit der Anna von Pernegg gegründete Kapfenberger Ast erhielt sich durch dessen Sohn Wülfing XI. in den Urenkeln Johann VI. und Wolfgang XIII. Des Letzteren Nachkommen wanderten religionshalber aus und starben in der Fremde ab. Ueber Georg (III.) den Aeltern schloß sich 1630 die Gruft zu Regensburg. Wolfgang (XIV.) wandte sich nach Böhmen und nach einer Familientradition sollen sich seine Nachkommen von da bis nach Rußland verbreitet haben. Jo bann (VI.) (gest. um 1572) gründete mit Benigna Herrin von Schärffenberg wieder zwei Speciallinien, die ältere und die jüngere, deren Stammväter **Rudolph** (I.) und **Georg Hartmann** sind. Ersterer fand einen fast tragischen Tod. Von seinen Nachkommen kehrte nur der Enkel **Otto** (VIII.) in die österreichische Heimat zurück, aber schon dessen Söhne starben unbeerbt, während die in Deutschland verbliebenen Descendenten mit dem bereits genannten zurücklässischen Minister **Wilhelm August** 1771 ihre Reihe abschlossen. Der von **Georg Hartmann** mit Dorothea von Thanhausen gegründete ältere Zweig des **Kapfenberger** Astes blüht im Mannesstamme nur noch in der älteren von **Wolfgang** (XVII.) und dessen Gemalin Maria Maximiliana Gräfin von **Puchheim** ableitenden Linie. Die Linie, welche **Franz Georg** gegründet, blüht zur Stunde nur noch weiblicher Seits. Hingegen vereinigte den bestehenden Familienverträgen gemäß das jetzige Familienhaupt Graf **Joseph** (III.) alle Besitzungen des Geschlechtes in seiner Hand. Graf Joseph, der Bruder der Gräfin **Anna**, deren Lebensskizze Seite 30 gebracht wird, ist es auch, der vermöge der Bedeutung seines Namens Führer der Deputation des historischen steirischen Adels aus Anlaß der silbernen Hochzeitsfeier unseres allerhöchsten Kaiserpaares im verflossenen Frühjahre war.

Wenn wir die einzelnen Mitglieder dieses Geschlechtes nach den Ehren und Würden, nach den Stellungen ins Auge fassen, welche sie im Leben einnahmen, so finden wir unter ihnen würdige Männer der Kirche, Männer, welche im Rathe der Fürsten, vornehmlich aber im Heere gedient, und wie fast ein ganzer Zweig derselben den Künsten und Wissenschaften ergeben war. Unter den Männern der Kirche nennen wir den von einer Partei mit Unrecht als streitsüchtig bezeichneten Salzburger Propst **Caspar**, der denn doch nichts weiter gethan, als gegen einen Erzbischof, der willkürlich des Propstes und des Capitels Rechte verletzte, sich erhob und lieber Amt und Würde fahren ließ, als dergleichen Ungebühr länger zu ertragen. Ein freundlicheres, wohltuenderes Bild gewährt uns dann der Bamberger Erzbischof **Joseph**, ein Kirchenfürst, hochsinnig und edel, wie er dem Herrn wohlgefällt. — Beträchtlich ist die Zahl jener Männer, welche wir im Rathe der Krone, in unmittelbarer Nähe

des Fürsten erblicken, und von denen wir nur **Franz Georg**, **Johann** (III.), **Wilhelm August** und die **Wülfing** und **Wolfgang** (X., XII., XV., XIX.) beispielsweise nennen. — Vorherrschend aber sind in dieser Familie die Männer des Schwertes, welche dasselbe ebenso zur Wahrung ihrer Rechte und ihres mächtigen Besitzes, wie zum Schutze des Vaterlandes schwangen. Eigenthümlich aber ist es, daß wir unter den zahlreichen Trägern dieses Namens auch nicht einen Goldenen-Vließ-, nicht einen Maria Theresien-Ritter zu verzeichnen haben. — Als durch die Reformation die Glaubenswirren auch in die kaiserlichen Erblande getragen wurden, da standen die Stubenberg unter den Bekennern der neuen Lehre obenan und nahmen keinen Anstand, lieber die Heimat als die Ueberzeugung zu opfern. Vornehmlich war es der jüngere Zweig der **Kapfenberger** Linie, welcher die Brutalität des Glaubenszwanges unerträglich fand und nach Deutschland auswanderte. Und dieser Zweig auch ist es, aus dem **Johann Wilhelm** von Stubenberg hervorging, eine eigenartige Natur, mit den Eigenschaften des Ritters jene des Gelehrten und Wissenschaftsfreundes verbindend. In einer Linie des Wurmberger Astes, und zwar in der von **Georg Sigmund** gestifteten, scheint aber eine ganz besondere Vorliebe für die Kunst obgewaltet zu haben, wie wir diesen Umstand auch in den kurzen biographischen Notizen **Georg Augustins** von Stubenberg ausführlicher darthun. — Die Dichtung ist auch der Geschichte der Stubenberg wiederholt näher getreten. Wie die „Reimchronik" Ottokars von Horned und Ulrich von Liechtenstein in seinem „Frauendienst" der Stubenberg gedenken, wird bei **Friedrich** (II.) Stubenberg [S. 14, Nr. 11] und bei **Wülfing** (IV.) [S. 36, Nr. 40] ausdrücklich erwähnt werden. Jene Chronikverse und des Minnesängers begeisterte Apostrophe zeugen für den Adel und die Ritterlichkeit dieses Geschlechtes. Aber auch die neuere Zeit ließ sich den reichen Stoff, den die Geschichte dieses Hauses darbietet, nicht entgehen. So hat denn der bekannte Dichter der Steiermark Johann Ritter von Kalchberg ein Schauspiel: „Wülfing von Stubenberg" (im sechsten Theile seiner „Sämmtlichen Werke" abgedruckt) gedichtet, und J. J. Hannush, der im Vormärz mehr zu seinem Gemügen als zur weihevollen Erbauung der Leser die österreichischen Unterhaltungsblätter mit Balladen und Romanzen bevölkerte, fand wiederholt Anlaß, die Stubenberg in Balladen zu verherrlichen, welche unter den Titeln „Friedrich von Stubenberg" und „Wülfing von Stubenberg" in der „Oesterreichischen Adelshalle" (Wien 1842, Wimmer) S. 303 und 308 abgedruckt sind. — Was endlich die ehelichen Verbindungen dieses Hauses anbelangt, so finden wie in seinen Frauen, abgesehen davon, daß sich die Stubenberg dieselben aus den regierenden Häusern der Markgrafen von Kärnthen und Grafen von Görz holten, die Töchter aus den höchsten Adelsfamilien des Kaiserstaates, und wir nennen mit Einschluß der bereits erloschenen: die Auffenstein, Baumkircher, Eckartsau, Erdödi, Galler, Gera, Hohenberg, Kuenring, Kreigh, Khevenhüller, Loienstein, Liechtenstein, Pottendorf, Puchheim, Dernegg, Saurau, Schärffenberg, Starhemberg, Teuffenbach, Trauttmansdorff, Weisbriach, Zollner, Zelting, Zrini.

II. Quellen zur Geschichte des Hauses der Herren und Grafen von Stubenberg. a) Handschriftliche. Hieher gehören die zahlreichen Urkunden und Acten der Familie, welche von ihr selbst dem steiermärkischen Landesarchive in Graz übergeben wurden; außerdem sind die Quellen für die Geschichte dieser Familie auch in den Archiven der übrigen Länder und vieler vornehmen adeligen Geschlechter zu suchen. Im Besitze der Familie selbst befinden sich die für die Ahnenprobe nöthigen Behelfe, dann „Kurze genealogische Beschreibung der Herren von Stubenberg, geschrieben 1703" (zu Regensburg von J. Seifert). „Geschichte des gräflichen Hauses Stubenberg bis in das 16. Jahrhundert" (20 Blätter Folio, 1877). — Besch-Widmanstetter (L. v.) „Genealogie und Geschichte der Herren von Stubenberg". Nach handschriftlichen und gedruckten Quellen. Mit fünf Stammtafeln. 28 halbbrüchig beschriebene Foliobogen. Herausgeber dieses Lexikons, dem dieses letztgenannte Manuscript zur uneingeschränkten Benützung übergeben worden war, hat dasselbe seiner Arbeit zu Grunde gelegt und sich im Wesentlichen danach gehalten. — b) Gedruckte. Im Allgemeinen dürfte kaum ein die Geschichte der Steiermark behandelndes Buch existiren, welches den Namen Stubenberg nicht enthielte. Das Register zu Muchar's bis 1364 reichender neunbändiger „Geschichte der Steiermark" zeigt nicht weniger als 534 Artikel unter dem Namen Stubenberg und 68 unter dem Namen Kapfenberg an. Ebenso sind das im Erscheinen begriffene „Urkundenbuch", die „Mittheilungen" (bisher 27 Hefte) und die „Beiträge zur Kunde steiermärkischer Geschichtsquellen" (bisher 16 Jahrgänge), letztere drei herausgegeben vom historischen Vereine für Steiermark, reiche Fundgruben über dieses Geschlecht. Andere mehr oder minder reiche Quellen sind: Genealogisches Reichs- und Staats-Handbuch auf das Jahr 1804 (Frankfurt a. M., Varrentrapp und Wenner, gr. 8°) S. 733. — Besch-Widmanstetter, Graz und seine neuen Gassenbenennungen (Graz 1869) S. 24—25. — Carniolia (Laibacher Unterhaltungsblatt, 4°.), III. Jahrg. (1840/41), Nr. 73—79; „Die Stubenberg". Von R. Prenner. — Chmel, Regesten Kaiser Friedrichs III. — Deutsche Grafenhäuser der Gegenwart, III. Jahrg. S. 337—540 — Falke (J. v.), Geschichte des fürstlichen Hauses Liechtenstein, I. Bd., 1868. — Fekete de Galantha (Joh.), Diplomataria sacra ducatus Styriae 1756. — Fries (Gottf. Edm.), Die Herren von Kuenring (Wien 1874). — Hagen, Chronik, in „Pez, scriptores rerum austriacarum", Bd. III, S. 1122—1128. — Hoheneck (Joh. Georg), Die Herrenstände von Oesterreich ob der Enns 1727—1732. Zwei Bände und Nachtrag. — Hormayr, Beiträge zur Lösung der Preisfrage des Erzherzogs Johann für Geographie und Historie Innerösterreichs im Mittelalter (Wien 1819) S. 148. — Hübner, Genealogische Tabellen, Bd. III, Tab. 715—719. — Huschberg (J. Ferd.), Geschichte des herzoglichen und gräflichen Gesammthauses Ortenburg, 1828, S. 239—262. — Kneschke (Ernst Heinrich Professor Dr.) Neues allgemeines deutsches Adels-Lexikon (Leipzig, Friedrich Voigt, gr. 8°.) Bd. IX. S. 93—97 [mit einer reichen Quellen-Literatur]. — Lachmann (K.), Ulrich von Liechtenstein „Frauen Dienest" (Berlin 1841) S. 66, 81, 83 bis 85, 161, 212, 213 und 439. — Mailáth (Johann Graf), Geschichte des österreichischen Kaiserstaates (Hamburg 1850.

Franz Berthes. 8°.) Bd. I, S. 69—72. — Derselbe, Geschichte Ungarns, Bd. III, S. 238. — Nedopil (Leopold), Deutsche Adelsproben aus dem deutschen Ordens-Central-Archive (Wien 1868. Braumüller. ar. 8°.). Registerband, S. 203. — Notizen-blatt der kaiserlichen Akademie der Wissen-schaften (Wien, 8°.) Jahrgänge 1856 und 1859: (Pratobevera), „Urkunden und Regesten der gräflichen Familie von Stu-benberg aus dem Archive des Joanneums". — Prevenhuber (Val.), Annales Styrenses 1740. — Schmutz (Carl), Historisch-topo-graphisches Lexikon von Steiermark (Graz 1823, A. Kienreich. 8°.) Bd. IV, S. 117 bis 130 [wichtiger Artikel]. — Tangl (Karlm.), Die Grafen von Ortenburg in Kärn-then, im „Archiv für Kunde österreichischer Geschichtsquellen", 1863—1866 — Oester-reichisches Morgenblatt. Redigirt von Dr. Johann Nepomuk Vogl (Wien, 4°.) XII. Jahrg. (1847). Nr. 139 u f.: „Oester-reichische Adelshalle. Die Stubenberg auf Kapfenberg und Obmured" Von Dr. Aub. Puff — Wels (A.). Kärntens Adel bis zum Jahre 1300 (Wien 1869) S. 111, 142 und 250. — Wurmbrand (Graf), Collec-tanea genealogico-historica 1705, p. 1—5. — Zahn (J.). Familienbuch Sigmunds von Herberstein, im „Archiv für Kunde öster-reichischer Geschichtsquellen", Bd. XXXIX, 1868. — Großes vollständiges (so-genanntes Zedler'sches) Universal-Lexikon (Halle und Leipzig, Johann H. Zedler, kl. Fol.) Bd. XL, Sp. 1167 bis 1176. — Viele andere Quellen sind bei den einzelnen Biographien angegeben worden.

B. Sagen, das Haus Stubenberg betreffend.

Schon in der genealogischen Uebersicht wurde erwähnt, daß der Ursprung mehrerer Adelsfamilien in Zeiten versetzt wird, aus welchen urkundliche Nachweise nie beizubrin-gen sind. So sollen die Ahnherren der Mont-morency, Dalberg, Auersperg und Stubenberg der Kreuzigung Christi bei-gewohnt haben. Bezüglich der Letzteren meldet die Sage, der Ahnherr dieses Geschlech-tes sei Hauptmann des Executions-Com-mandos bei der Kreuzigung Christi gewesen und habe in dieser seiner Eigenschaft dem Todesopfer durch Lüftung des Helmes seine ganz besondere Hochachtung bezeigen wollen. Christus aber habe dem Hauptmanne ruhig erwidert: „Behalten Sie nur auf, Herr Vetter". Das Groteske dieser Sage ergänzend, berich-ten wir noch, daß eine Dalberg, so oft sie zur Kirche fuhr, dem Kutscher den Auftrag gab: „Zu meiner Cousine, der lieben Frau" (zur Liebfrauenkirche zu Worms). Aehnlich lautet diese Sage bezüglich der Montmo-rency und Auersperg. Aus solchem Wahn-sinn aristokratischen Dünkels läßt sich denn doch gar Manches erklären, was sonst kaum glaublich erscheint. — Mit Anspielung auf die Kreuzigungsgeschichte wird auch erzählt: „Im Schlosse zu Sichtenberg in Oesterreich sei vor Zeiten ein in hebräischer Sprache auf eine Baumrinde geschriebener Brief auf-bewahrt worden, dessen Inhalt nach einer alten Copie Folgendes besagt habe. „Mein Freund, dies wirst du wissen, daß dieser Tage zu Jerusalem einer ist gekreuzigt wor-den, welchen sie vor dem Meister oder doch einen großen Propheten halten". Die Unter-schrift: „Simoel Etubenberg". Leider erfahren wir nicht, an wen dieser bereits mit Vor- und Geschlechtsnamen ausgestattete Brief gerichtet wurde, dessen Uebersetzung aus dem 16. Jahrhundert herrühren dürfte und welcher den Stubenberg die etwas zweifelhafte Ehre aufhalst, jüdischen Ursprungs zu sein Und daß diese Ansicht von dem Alter des Geschlechtes der Stubenberg noch immer nicht geschwunden, sollte Hauptmann von Bech-Widmanstetter erfahren, als er eines Tages auf einer Fußwanderung zu den Ruinen der Veste Wachseneck kam, wo er sich vor dem Hause des Müllers, eines stein-alten Mannes, mit diesem in ein Gespräch über die Vergangenheit der Burg einließ und der Greis bemerkte: „Ja die stand schon zur Zeit der Kreuzigung unseres Herrn Jesu Christi, denn Pontius Pilatus hat an den Ritter da droben einen Brief geschrieben, in dem er sagt, daß sie jüngst verwichen in Jerusalem ein' großen Missethäter gekreuzigt haben, der das Volk verführt hat. Die Herren in Graz, die haben den Brief". So sagte der alte Müller in einem Territorium, in welchem gar oft die Sporen der Stuben-berg klirrten. — Die chronologisch nächst-folgende Sage ist jene, in welcher Mülring von Stubenberg, seine Braut Agnes von Habsburg und sein Neben-buhler Rüdiger von Chuenring han-delnd auftreten; sie wurde schon in der genea-logischen Umschau gewürdigt. Es ist aber hier am Orte, die Annahme, nach welcher die Stubenberg seit jener mit Hinder-nissen verbundenen Vermälung den Zopf der Ahnfrau eingeflochten in den Ring des Ankers im Wappen führen sollen, durch den Ein-wand zu entkräften, daß der Zopf in Ver-bindung mit dem Anker erst vom 15. Jahr-hunderte an auf Siegeln bemerkt wird. — Eine andere Sage beschäftigt sich mit der Ausdehnung der von dem Böhmenkönige Ottokar um 1268 geschleiften Stammburg der Stubenberg gleichen Namens, welche so geräumig und zugleich so belebt gewesen, daß die ganze Belagung nicht zu gleicher Zeit in der Kirche Platz finden konnte. — Die Sage vom Schatze der Stubenberg lautet, wie folgt: „Ulrichs von Stubenberg Unterthan Georg Gersgruber (oder Ges-gruber), wohnhaft zu Gschaid, brach am 19. December 1314 vor Tagesgrauen auf, um jenseits des Schöckel sein ausstehendes Geld einzufordern. Wie er so in der Dunkelheit dahinging, durchdrang dieselbe plötzlich ein feuriger Glanz, welcher die Gestalt eines lichtäugigen Knaben umfloß, der ihm mit dem Vorwurfe entgegentrat, warum er um weniges Geld so weit laufe, da er in der Nähe einen reichen Schatz heben könne. Und voran schritt der lichte Knabe nach einem Wachholder-strauche, neben welchem eine hohe eiserne Thür sichtbar wurde. Durch diese traten sie in ein großes Gewölbe, und weiter ging es durch einige andere, in denen Kohlenhaufen lagen, bis sie zu einem Gelaß kamen, in welchem sieben mächtige Eisentruhen standen, auf deren mittlerer ein großer schwarzer Hund hockte. Als sie nun durch die Gemächer zurückgingen, hieß der Knabe den Bauern zwei Hände voll von den Kohlen einstecken. Vor der Thür aber fragte er ihn, was er wohl glaube, daß er in der Tasche habe. Da griff der Bauer nach den Kohlen und fand sie zu Stücken Goldes verwandelt. „So hole dir denn alle Tage zwei Hände voll von den Kohlen aus dem mittleren Gewölbe, doch hüte dich wohl, das Geheimnis zu ver-rathen, da sonst weder du des reichen Goldes länger genießen wirst, noch ein Anderer. Dann aber wärest du verpflichtet, diese zwei Schatzschlüssel, die ich dir hiermit übergebe,

sammt den daranhängenden Pergamentzetteln, welche mit gothischen Buchstaben beschrieben sind, deiner Grundobrigkeit einzuhändizen". Mit diesen Worten entschwand die Licht-gestalt. Der Bauer aber suchte täglich seine Goldquelle auf, kaufte sich verschiedene Grund-stücke und erregte dadurch die Verwunderung der Leute, welche nicht glaubten, daß die plötzliche Veränderung in den Verhältnissen des Bauern mit rechten Dingen zugehe, sondern ihn für einen Zauberer hielten. Vor Herrn Ulrich von Stubenberg gefordert, weigerte er sich standhaft, die Quelle seines Reichthums anzugeben, indem er betheuerte, daß er nicht auf unerlaubte Weise zu dem Golde komme, und sich überdies bereit er-klärte, nun auch seinem Grundherrn täglich eine Handvoll des Metalles zu bringen. Nachdem er längere Zeit mit seinem Herrn den Schatz getheilt hatte, wurde er neuer-dings von ihm bestürmt, den Fundort zu zeigen, ungeachtet er nicht unerwähnt gelassen, daß mit der Entdeckung seines Geheim-nisses das Gold für sie beide verloren sei. Und als er über wiederholtes Drängen end-lich den Herrn von Stubenberg zur Stelle führte, fanden sie daselbst nichts weiter als die Wachholderstaude und die Schlüssel, die er täglich darunter verborgen hatte. Da erzählte er denn seinem Herrn die ganze Geschichte vom Schatze und übergab ihm die Schlüssel mit den Pergamentzetteln, auf denen die Mahnung geschrieben stand, jene wohl zu hüten, da durch sie den Stuben-berg seinerzeit ein großes Glück beschieden werden solle. Die beiden Schlüssel, welche allerdings einer späteren Zeit anzugehören scheinen, werden noch jetzt in der Familie aufbewahrt, weil nach einer Variation der Sage dem letzten männlichen Sprossen der Stubenberg oder einem von Krankheit befallenen Mitgliede dieses Geschlechtes es bestimmt sei, den in der Nähe des Schöckel-kreuzes verborgenen Schatz zu heben. [Grazer Tagespost, 1863, Nr. 132, im Feuilleton „Der Schatz der Stubenberg". — Dieselbe, Abendblatt, 29. Mai 1875, Nr. 119: „Der Schatz der Familie Stubenberg". Von Wil-helm Baron Kalchberg. — Kellerhaus (Henricus S. J.), Trauerrede auf den am 14. Juli 1703 begrabenen Leopold Herrn von Stubenberg. — Grazer Volksblatt, 1863, Nr. 324, im Feuilleton: „Sage über den Ursprung des Schatzes der Stuben-berg".]

C. Wappen.

Das älteste Wappen der Stubenberg, welches sich auf einem an einer Urkunde von 1188 hangenden Siegel mit der Legende „Sig…m Ulrici de Stubenberch" befindet, zeigt ein rechts aufspringendes Thier — Wolf oder Fuchs. Jedoch schon derselbe Ulrich änderte sein Wappen, denn 1215 ist im Siegelfelde statt des Thieres ein einfacher gestürzter Anker zu sehen. Der Ankerring unten ist aber noch leer. erst im vierzehnten Jahrhunderte wird der durch den Ring gezogene blonde Haarzopf der Ahnfrau, deren in den Sagen Erwähnung geschah, wahrgenommen. Später verliehen Herzog Albrecht der Weise von Oesterreich und seine Gemalin Johanna Erbgräfin von Pfirt mit dem Briefe ddo. Wien 4. Februar 1347 dem Ahnherrn der Wurmberger Linie, Ulrich (IV.) von Stubenberg (1321—1363), das Helmkleinod der Herrschaft Pfirt: „ein guldiner Wolse". Jedoch in keinem Wappen der Stubenberg erscheint dieser Wolsen golden, sondern immer nur schwarz und weiß blasonirt. Der römische König Wenzel verleibt mit dem Majestätsbriefe ddo. Prag 19. December 1410 Jacob von Stubenberg, von welchem die noch lebenden Geschlechtsangehörigen abstammen, eine goldene Krone auf dem Schilde des Wappens. In Folge der 1432 vollzogenen Vermälung Leutbolds von Stubenberg mit Agnes, der Erbtochter von Pettau, nahmen die dieser Verbindung entflammenden Abkömmlinge das Wappen der Wurmberg an, woraus sich allmälig bis zum 17 Jahrhunderte ein modernes freiherrliches Wappen herausgebildet hat. Dasselbe besteht aus einem quadrirten Schild mit Herzschild. Der letztere zeigt in Roth einen weißen Anker mit drei silbernen Sternchen (Ankerstein); der Hauptschild 1 und 4: in Schwarz einen gestürzten Anker, durch den Ring gezogen den blonden Haarzopf, als das Stammwappen; 2 und 3: in Gelb einen schwarzen Wurm, für Wurmberg. über dem Schilde drei offene Helme, die beiden äußeren gekrönt, auf dem mittleren ein gewundener roth·weißer Bund. Die Helmzierden sind rechts sechs Straußfedern, zur Hälfte schwarz, zur Hälfte weiß. links ein schwarzer Basilisk (Drache) mit weißen oder auch schwarzen Flügeln, in der Mitte über dem Bunde ein weißer Anker, oben geziert mit einer kleinen goldenen Krone, aus welcher sechs Federn abwechselnd weiß und roth, hervorwallen. Die Helmdecken sind rechts schwarz·weiß, links schwarz·gelb, in der Mitte roth·weiß. Die noch lebenden Stubenberg der Kapfenberger Linie führen ihr Stammwappen in der ursprünglichen Einfachheit: Im schwarzen Schilde einen pfahlweise über sich gestürzten eisernen Anker, mit seinem Widerhaken, dem Querholze, und unten befindlichen Ringe, durch welchen ein geflochtener blonder Haarzopf gezogen ist. Der auf dem Schilde ruhende offene gekrönte Helm mit schwarz·silberner Decke trägt einen Busch von sechs Federn, drei rechte silberne und drei linke schwarze. Von den Varianten des Wappens, welche in Wappenbüchern, wie z. B. in jenem des Zacharias Bartsch aus dem Jahre 1567, und auf Siegeln von Urkunden, z. B. einer ddo. Salzburg 3. März 1347, aufbewahrt im Wiener k. k. Haus·, Hof· und Staatsarchiv, vorkommen, sehen wir ganz ab und erwähnen nur noch zum Schlusse, daß das Wappen der Stubenberg, auf die Bitte Wolfgangs (XVI.) aus diesem Hause, mit dem Majestätsbriefe Kaiser Ferdinands II. ddo. Wien 30. November 1635 dem zur Herrschaft Frauenburg gehörigen Markte Unzmarkt in Obersteier in sein Wappen einverleibt wurde, und in Folge dessen steht im Marktwappen im rothen Schilde auf einem Felsen ein gekrönter schwarzer Adler, welcher in seiner rechten Klaue den gestürzten silbernen Anker der Stubenberg hält.

D. Grab- und sonstige Denkmäler.

Seltsamer Weise ist in dieser Beziehung die Familie Stubenberg in Anbetracht ihres Alters und ihrer einstigen Bedeutung auffallend spärlich bedacht. Die Familienbegräbnißstätten zu St. Oswald in Kapfenberg, dann nächst Guterberg zuerst in Passail, später, von

1363 bis 1731 zu Maria am Weißberge und in neuerer Zeit zu Maria Loretto in Gutenberg, sind nur durch den allgemeinen Hinweis, daß sich hier die Civilde der Familie befinde, als solche erkennlich. Den alten Grüften in den Klöstern Seckau und Rein fehlt auch diese Bezeichnung. Denkmäler einzelner Sprossen kommen an diesen Orten gar nicht, anderwärts aber auch nur in geringer Anzahl vor. In letzter Kategorie gehören in Vassail der Grabstein des im Jahre 1400 verstorbenen (Priesters?) Hans von Stummberg; in der Oswaldskirche zu Kapfenberg das Votivgemälde Wolfgangs Herrn von Stubenberg, angeblich aus dem Jahre 1490; auf dem St. Martins-Kirchhofe daselbst das Grabmal der am 30. Juni 1862 gestorbenen Angelica Herrin und Gräfin von Stubenberg; in der Jacobskirche nächst der Frauenburg die Grabmäler des am 12. Februar 1574 verschiedenen Friedrich und des am 19. Februar 1598 verblichenen Andrä Herrn von Stubenberg, letzteres von prächtiger Ausführung; in der Domkirche zu Graz der Grabstein der am 13. September 1344 verstorbenen Frau Elisabeth, geborenen von Stubenberg, Witwe des Stephan Freiherrn Zetschi zu Oberlimbach in Ungarn; zu Schloß Hausambacher in Untersteier der Grabstein des am 6. September 1636 verblichenen Besitzers daselbst Franz von Stubenberg der Wurmberger Linie; in der Georgskirche zu Vettau der undatirte Grabstein der Anna Eufanna Vetter (von der Lilie), geborenen Stubenberg; in Wien in der Minoriten-, Dorotheer- und Augustinerkirche die Grabsteine des Erasmus von Stubenberg-Wurmberg, gest. 1521; der Helena, geborenen von Stubenberg, Gemalin Rudolphs von Hohenfeld, gest. 1513; (zu St. Dorothea) des Kindes Wülfing, gest. 14. September 1375; (bei den Augustinern) des kaiserlichen Edelknaben Johann Repomuk, gest. 19. Jänner 1767. In der Schloßcapelle zu Pottendorf in Niederösterreich der Grabstein des 1383 verstorbenen Caspar von Stubenberg; in St. Anna zu Thalheim nächst Weis in Oberösterreich das Grabmal des 1363 verschiedenen Kasimir Herrn von Vollheim und seiner am Ostermontag 1363 gestorbenen Gemalin Euphemia, gebornen Herrin von Stubenberg; zu Moßburg in Kärnthen der Grabstein des Knaben Joseph, gest. 26. August 1663. In der Dreifaltigkeitskirche zu Regensburg die Grabmäler Georgs, des älteren Herrn von Stubenberg, aß 1630, dann des Johann Wilhelm Herrn von St., gest. 1663 und seiner Gemalin Felicitas Dorothea, gebornen Freiin von Elbiswald, gest. 1667; auf dem Johanneskirchhofe zu Nürnberg die Gedächtnistafel der am 30. November 1663 verstorbenen Gemalin Georgs Herrn von Stubenberg, Amalie, der Letzten des Hauses Liechtenstein-Murau; in Eichstädt die diesem Jahrhunderte angehörigen Denkmale der beiden Bischöfe Joseph und Felix Herren und Grafen von Stubenberg. — Ein schönes Votiv-Glasgemälde aus dem 13. Jahrhunderte. wahrscheinlich von Leuthold von Stubenberg, dem Herrn der nahen Hollenburg, gewidmet, besitzt die Kirche des ehemaligen Klosters Victring in Kärnthen. — Denksteine mit Inschriften und Wappen, zumeist zur Anzeige vollzogener Bauten, finden sich in den Schlössern Gutenberg und Wurmberg, im Orte Frauenberg unter der Frauenburg, im Matte Mured und an der Grenze der Mured'schen Wildbahn mit der Jahreszahl 1626, an der Reinischmühle nächst Schloß Wagna bei Leibnitz, in der Deutsch-Ordenskirche zu Friesach in Kärnthen, und an dem Hause Nr. 6 (einst 107) in der Stempfergasse zu Graz war im Jahre 1787 ein solcher verbannen [Mayer's Steiermärkische Alterthümer 1788, S. 99]. Mit dem Wappen der Stubenberg sind bezeichnet die Kirchen St. Ägid in Graz, St. Oswald und St. Martin in Kapfenberg, St. Kathrein in der Laming, Allerheiligen im Mürzthale, St. Ulrich in der Stainz, St. Ruprecht nächst Gutenhaag in den Windischbüheln und wohl noch andere mehr.

E. Besitzungen.

Die Stubenberg besaßen sowohl ausgedehnten Allodial-, als auch lehenmäßigen Besitz und waren überdies selbst Lehensherren. In der Steiermark lag ihr Eigenthum in der Blüthezeit des Geschlechtes, vom 13. bis 15. Jahrhunderte, besonders im Murthale, dann um Katsch, Frauenburg und Kraubath; im Mürzthale gehörte ihnen das ganze Gebiet von Kapfenberg, ferner zum großen Theile die Seitenthäler der Lamming und der Stainz, endlich in der mittleren Steiermark die Umgegend von St. Johann bei Herberstein, von Pöllau und Vassall. Von diesen Besitzungen erhielten sich bis heute in der Familie: Ober-Kapfenberg mit Wieden, und Mureck als Familien-Fideicommiß; dann als Allodialbesitz Gutenberg mit Rabegg und Gladnitz, endlich Stubegg mit Vassail. Einstmals waren zu verschiedenen Zeiten kürzer oder länger noch in ihrem Besitze, und zwar nördlich von Graz: Frauenburg bei Unzmarkt. 1437 bis 1658, Kaisersberg bei Kraubath, Katsch, bis 1465 Landskron ob Bruck, Leonroth im Kainachthale, Liechteneck im Mürzthale, Liechtenstein bei Judenburg, bis 1437, Münichhofen St. Peter am Kammersberg, Rotenfels bei Obermölz, Stubenberg, Sturmberg bei Weiz, Treuenstein (Trawenstein), bis 1617, Wolkenstein, 1354 pfandweise, Wülfingstein;

südlich von Graz: Ankenstein. 1441 bis 1443, Bertholdstein, Ebensfeld, Cibiswald, Ehrenhausen, Fraubeim, Freibiol, Gleichenberg, Halbenrein, Haus am Bacher, Hartmannsdorf, Hollenegg(?). St. Johann am Draufelde, Klech, Pettau(?), Ober-Radlersburg, Riegersburg, Schleiniz, Schmierenberg sammt Meretin bei Leutschach, Schwanberg, Wetlein (Wöllan), 1437, Wildon 1441, Wurmberg, von 1432—1603. Außerdem verschiedene kleinere Besitzungen. Weingärten, sechs Häuser in Graz (dermalen zwei) ebenso derzeit ein Haus in Wien. Schon im Mittelalter, wo die Mauthen noch landesfürstliche Regale waren, erhoben sie diese Steuer von Kapfenberg. Ueberdies besaßen sie in Oesterreich: Guttenbrunn bei Neunkirchen, Haugenstein(?), Höflein, Pottendorf, Dütten, Schallaburg, Schöngraben, Eichenberg, Wimpassing; in Böhmen: Neustadt an der Mettau nächst Josephstadt, dermal: Geyersberg bei Wildenschwert mit 23 Ortschaften und einem Areale von 1·57 Quadratmeilen; in Kärnthen: Drauburg, vor 1373, Hollenburg, 1432 bis circa 1470, Landskron, 1436—1447, Reifniz, 1436 bis 1447; in Friaul: Schloß Rubein, 1417; in Ungarn waren sie Mitbesitzer in Szala-Egerszeg, dermal noch in Szefelobid mit 2·60 Quadratmeilen.

Denkwürdige Sprossen des Hauses Stubenberg.

1. Angelica (geboren 13. Juni 1808, gestorben 30. Juni 1862), eine geborene Gräfin Trauttmansdorff-Weinsberg, dem Grafen Wolfgang (XIX.) Stubenberg am 16. Mai 1833 angetraut. Bemerkenswerth erscheint es, daß diese Dame in den Genealogien des Fürstenhauses Trauttmansdorff nirgends ausgewiesen ist. Das Andenken der Gräfin, deren Ehe kinderlos blieb, hat sich nur durch das ebenso schöne als kostbare Monument erhalten, welches der Gatte der Verewigten auf dem Friedhof Sanct Martin zu Kapfenberg in Steiermark hat setzen lassen. Auf quadratischem Marmor-Piedestal gewahrt man zwei beinahe lebensgroße Figuren aus Bronce in sitzender Stellung aneinander gelehnt. Die eine mit erhobenem Kreuz, das Evangelium in der Linken, den Blick nach oben gerichtet, personificirt den Glauben, die andere in die Ferne schauend, die brennende Lampe in der Hand, die Attribute des Weinkruges und Brodes zu ihren Füßen, scheint die Barmherzigkeit zu versinnlichen. Am Rande des Piedestals über der Inschrift befinden sich die vereinigten Wap-

ren der Häuser **Stubenberg** und **Trauttmansdorff** in Bronce. Die Inschrift, mit den Namen der Verewigten an der Spitze, lautet: Engel heiß' ich und Engel war ich, Vom Himmel kam ich, zum Himmel fahr' ich. In derselben liegt auch die ganze Biographie der Verstorbenen, die eine Wohlthäterin der Armen, eine Mutter der Hilflosen und Verwaisten war. Das Denkmal wurde, nach einem Entwurfe des Bildhauers Streichnal, von Fernkorn in Bronce gegossen. Die Kosten desselben erhoben sich auf 6000 fl. Die Enthüllung des Monumentes fand im October 1866 statt. — 2. **Anna**, siehe den besonderen Artikel [S. 30]. — 3. **Caspar** (gest. zu Titmaning im Lungau am 23. October 1478). Caspar, ein Sohn des Thomas von Stubenberg und dessen Gattin Elisabeth von Kranichberg, widmete sich dem geistlichen Stande. Im Jahre 1478 zum Dompropst in Salzburg gewählt, gerieth er mit dem Erzbischof Bernard von Rohr in schweren und nachhaltigen Hader. Dieser entbrannte, als Bernard, ihm und dem Capitel zunächst das Recht der Besetzung der Propstei zu Hüselward absprechend, den Chorherrn Wilhelm Steinbauf mit Gewalt in diese Stelle einführte. Bald darauf wollte der Erzbischof dem Dompropste von diesem gebührenden Vorrang vor dem Bischof von Chiemsee nehmen. Darüber kam es am 27. März 1478 während der Procession zu offenem Scandal. Entrüstet legte der Dompropst Stubenberg Infel und Handschuhe ab, beschwerte sich laut über das ihm zugefügte Unrecht und verließ die Procession, sich sofort zu Pferd an das kaiserliche Hoflager begebend, wo er dem Herrscher seine Sache selbst vortrug. Dieser lud nun den Erzbischof vor sich. Als aber Bernard nicht Folge leistete, sondern erst als Abgesandter des Herzogs Ludwig von Bayern in Sachen des Türkenkrieges in Linz erschien, wo der Kaiser eben Hof hielt, ließ derselbe die Türkensache fallen und brachte den Streit des Erzbischofs mit dessen Dompropst zur Sprache, wobei er jenen an dessen vor mehreren Jahren ausgesprochenen Wunsch, das Erzbisthum abzutreten, erinnerte. Zugleich bemerkte der Kaiser, daß durch die Resignation des Erzbischofs nicht nur alle Händel, sondern auch die mit diesen für denselben verbundenen Verdrießlichkeiten am einfachsten beseitiget würden. Dem Kaiser aber lag sehr daran, die Sache in dieser Weise beizulegen, da er längst im Sinne hatte, seinen Günstling den Erzbischof von Gran Johannes Bekenschlager, der sich vom Hofe des Königs Matthias Corvinus mit vielen Schätzen und Kleinodien zu ihm geflüchtet, auf den erzbischöflichen Stuhl von Salzburg zu erheben. Schon war die Sache im besten Zuge, als des Erzbischofs heftigster Gegner Propst Caspar, welcher, seit er wider jenen beim Kaiser Klage geführt, als dessen Rath am Hoflager sich aufgehalten, eines plötzlichen Todes starb. Nun wollte Bernard, welchem der an Caspars Stelle zum Dompropste gewählte Christoph Ebron eifrig ergeben war, auch von einer Resignation weiter nichts wissen und regierte noch bis 1782. In diesem Jahre endlich entsagte er doch und lebte nun bis 1487 zu Titmaning, wo er an einem Schlagflusse starb. [Zauner (Judas Thaddäus). Chronik von Salzburg (Salzburg 1799. Franz Xaver Duyle, 8°.) Seite 134—161 in der „Geschichte des Erzbischofs Bernard von Rohr]. — 4. **Caspar** (gest. 1524). Von der Linie Wurmberg. Ein Sohn des Hans Stubenberg [S. 19. Nr. 22], der durch seine Ehe mit Martha, einer Tochter des Mathias Baumkircher, in die Verwicklungen seines Schwiegervaters mit dem Kaiser hineingerissen und durch den Verlust mehrerer Besitzungen an seinem Vermögen stark geschädigt wurde. Caspar befand sich 1519 als Ausschußmitglied der steierischen Stände bei der Huldigung, welche dieselben Kaiser Karl V. und dessen Bruder Erzherzog Ferdinand darbrachten. Er vermälte sich zweimal, zuerst mit Barbara von Bánffy, dann mit Anna von Auersperg. Aus der ersten Ehe hatte er nur zwei Töchter, von denen eine den Schleier nahm. Der erstgeborene Sohn Franz aus der zweiten Ehe pflanzte das Geschlecht fort. — 5. **Christian** (I.) (gest. 29. Jänner 1744). Dom Kapfenberger Ast. Der jüngste Sohn Franz Georgs und Maria Katharinas gebornen Gräfin Rindsmaul. Am 23. April 1713 zu Graz in den deutschen Ritter-Orden aufgeschworen, wurde er später Comthur zu Friesach. Im Dienste der kaiserlichen Armee focht er während der Kriege in Italien, Ungarn und im deutschen Reiche. Am 3. Mai 1723 wurde er kaiserlich innerösterreichischer Kriegsrath, wirklicher Oberst und Commandant zu Ivanić, einer befestigten Stadt in der croatischen Militärgrenze. 1732 General und Commandant von Graz, wo er zwölf Jahre später starb. — 6. **Erasmus** (gest. vor dem Juli 1466). Vom Kapfenberger Ast. Ein Sohn des Hans (III.) Stubenberg und der Anna von Pernegk. Er erhielt 1463 bei der Erbtheilung zwischen seinen Brüdern Thomas und Wolfgang Liechtenstein und Frauenburg, von welchen er ersteres 1463 an den Kaiser verkaufte. Auf dem Leibnitzer Landtage von 1462 wurde er angesichts der inneren Unruhen zum ständischen Feldhauptmann für Obersteier mit 200 Pfund Pfennige Jahresgeld ernannt. Er blieb unvermält. [Beiträge zur Kunde steiermärkischer Geschichtsquellen. Bd. XI, S. 37]. — 7. **Felix** (geb. 13. October 1748, gest. zwischen 1824 und 1833). Von dem noch blühenden Zweige des Kapfenberger Astes. Ein Sohn des in zwei Ehen mit 28 Kindern gesegneten Grafen Leopold aus dessen erster Ehe mit Anna Barbara, einer geborenen Strassoldo. Gleich seinem älteren Bruder Joseph schlug auch er die geistliche Laufbahn ein; er wurde 1790 Weihbischof in Eichstädt und nach dem Tode des Grafen Cobenzl im März 1792 Dompropst, als welcher er den Titel eines Bischofs von Tenagria führte. Seine Lebensschicksale knüpfen sich an jene seines Bruders Joseph, des regierenden Fürstbischofs von Eichstädt und Erzbischofs von Bamberg [siehe die besondere Lebensskizze Seite 32]. Felix liegt in Eichstädt begraben. — 8. **Franz** (geb. 22. November 1722, gest. 1795). Von einem bereits erloschenen Zweige des Kapfenberger Astes. Ein Sohn des k. k. Feldmarschall-Lieutenants Franz de Paula von Stubenberg und Maria Theresias von Gera. Er diente gleich seinem Vater in der kaiserlichen Armee und war von 1773—1776 Oberst und Commandant des 40. Infanterie-Regiments, von 1776 bis zu seinem Tode General-Major. — 9. **Franz Georg** (geb. 23. Juni 1645, gest. 1718). Vom älteren Zweige des Kapfenberger Astes. Ein Sohn Wolfgangs (XVI.) aus dessen erster Ehe mit Anna Crescentia Freiin von Scheitt. Er war 1677—1683 ständischer Verordneter,

kann Mitglied des innerösterreichischen geheimen Rathes, seit 1700 Landeshauptmann in Görz. 1670 vermälte er sich mit der Gräfin Maria Katharina von Kindsmaul und wurde mit ihr der Stifter des jüngeren Astes der Stubenberg zu Ober-Kapfenberg, der zur Zeit im Mannesstamme erloschen und nur noch in den beiden Töchtern des Grafen Pius (gest. 1824), in der unvermälten Gräfin Mathilde und in Johanna vermälten Gräfin Hodiz und Wolframitz fortblüht. — 10. **Franz de Paula** (geb. 1688, gest. 10. Juni 1751). Von einem schon erloschenen Zweige des Kapfenberger Astes. Ein Sohn Franz Georgs und Maria Katharinas Gräfin Kindsmaul. Er betrat die militärische Laufbahn und wurde schon mit 31 Jahren, 1719, kaiserlicher General, 1729 geheimer Rath, 1733 Feldmarschall-Lieutenant und drei Jahre später commandirender General an der croatischen Grenze. Er war mit Maria Theresia von Gera verheiratet. Ob die auf der II. Stammtafel aufgeführten Kinder die seinigen sind, ist nicht festgestellt. [Thürheim (Andreas Graf), Feldmarschall Otto Ferdinand Graf von Abensperg und Traun 1677—1748. Eine militär-historische Lebensskizze (Wien 1877, Braumüller, gr. 8°.) S. 337.] — 11. **Friedrich** (II.) (gest. zwischen dem 29. September 1318 und dem 29 December 1319) Eine der ritterlichsten Gestalten des Mittelalters, einstehend mit seinem Leben für die verbrieften Rechte seines Landes. Durch seinen Vater Ulrich (II.), der sich mit Elsbeth von Ortenburg vermält hatte trat er in den Kreis der vornehmsten Familien seines Landes. Frühzeitig widmete er sich, wie es damals Sitte war, dem Waffendienste. Er focht für Kaiser Rudolph im Marchfelde; befand sich im Gefolge des Erzbischofs Rudolph von Salzburg, als dieser sich zu Judenburg am 11. Mai 1286 mit dem Herzog Albrecht aussöhnte; erwarb 1288 mit seinen Brüdern Ulrich und Heinrich von Leuthold von Kuenring die noch heute im Besitze der Familie befindliche Burg und Herrschaft Guttenberg um 1200 Mark Silbers; schirmte 1290 als Vogt der Stift Lambrecht'schen Güter im Mürzthale das Kloster gegen widerrechtliche Ansprüche der Apfaltrer; 1291 eilten er und sein Bruder Heinrich mit dem größten Contingente unter allen steirischen Edlen (200 Reiter) dem Herzoge Albrecht zu Hilfe, um die in Oesterreich eingefallenen Ungarn zurückzuweisen. Als der Herzog darauf nach Graß kam, um ergiebige Beiträge zu den Bedürfnissen des Staates zu begehren, erneuerten die Stände ihre schon früher vorgebrachte Bitte um Bestätigung ihrer Privilegien, fanden aber kein Gehör. Die Erklärung der Stände, in diesem Falle den Gehorsam aufzusagen, führte zu gegenseitiger Erregung. Die Stände, mit dem Bischof Leopold von Seckau an der Spitze, traten nochmals vor den Herzog mit der Bitte um Bestätigung ihrer Freiheiten und um Aufnahme von einigen Steiermärkern in den Rath, und hierbei sprach der Bischof dem Fürsten gegenüber die denkwürdigen Worte: „Daß den Pflichten der Unterthanen auch Rechte gegenüber ständen, denn würden die Privilegien des Landes verletzt, so höre die Eidespflicht der Unterthanen auf" Albrecht erwiderte darauf, „daß er die Landesprivilegien bisher in dem Zustande habe belieben lassen, wie sein Vater dieselben angetroffen, als das Land der Herrschaft Ottokars entrissen wurde". Da fiel Friedrich von Stubenberg dem Herzog mit den Worten in die Rede: „Hätte sich der Böhmen König nicht so viel Gewaltthaten gegen uns erlaubt, fürwahr, er könnte noch immer leben und Herr dieses Landes sein, aber er zwang uns, beim deutschen Reiche Hilfe zu suchen" Die „Reimchronik" Ottokars, wird genannt von Horned, berichtet (Cap. 239) eingehend über diesen Streit zwischen den steierischen Ständen und dem Herzog Albrecht, welch Letzterer überdies an dem unbeugsamen Abt Heinrich von Admont einen schlimmen Rathgeber besaß, der, statt den Herzog zu besänftigen, ihn gegen den Adel nur aufstachelte. Auf die Frage des Herzogs: „ob dies eine Kriegserklärung bedeute", entgegnete der Bischof: „daß, so lange der Herzog säume, seine Pflicht zu thun, auch die Stände keinen Befehl desselben befolgen, keinen Kriegszug für ihn unternehmen würden". Damit wurden alle weiteren Unterhandlungen abgebrochen. Der Herzog Albrecht kehrte nach Wien zurück, die Stände schickten sich im Spätherbste 1291 zum bewaffneten Widerstande an und verbündeten sich zu Leibnitz sowohl mit dem Erzbischof Conrad von Salzburg, dessen beabsichtigte Aussöhnung mit Albrecht

sie verhinderten, als auch mit dem Herzoge Otto von Bayern. Bischof Leopold war mittlerweile gestorben, und Graf Ulrich von Pfannberg, Hartnid und Hertrand von Wildon, die Brüder von Trenfels und Friedrich von Stubenberg waren die Häupter des Bundes. Ernstlich verhandelte Letzterer mit dem Grafen Ulrich von Heunburg, seit 1270 Gemal der Agnes von Baden, um dessen Sohn zum künftigen Herzog von Steiermark zu candidiren. Die Bundesherren brachten einige herzogliche Schlösser, das ganze Enns- und Paltenthal in ihre Gewalt und nöthigten das Haupt der herzoglichen Partei im Lande, den Abt Heinrich von Admont zur Flucht auf die Veste Gallenstein. Allein das Glück wandte sich bald, Hermann von Landenberg, Wülfing von Hanau u. A. vertheidigten tapfer die Schlösser Bruck, Graz und Judenburg, und Herzog Albrecht selbst zog mitten im Winter, bei hohem Schnee mit Heeresmacht über den Semmering, um den in Bruck belagerten Landenberg zu entsetzen. Bei der Nachricht von dem Anmarsch Albrechts erfüllte Schrecken die Verbündeten, und ohne sich in einen Kampf einzulassen, entflohen die Bayern und Salzburger nach Rastadt ins Salzburg'sche, die Steirer aber verloren sich ins Gebirge. Der Marschall von Landenberg verfolgte die Fliehenden nach Judenburg und traf auf dem Rückwege bei Kraubath mit Friedrich von Stubenberg zusammen, der eben zur Vertheidigung seiner Burgen ins Mürzthal ziehen wollte und nun allein den Kampf aufnahm. Nach hartnäckiger Gegenwehr wurde derselbe geschlagen, gefangen genommen und nach Judenburg gebracht. Um der Gefangenschaft zu entgehen, bat der zweimal verwundete Friedrich, als ihm das Roß unter dem Leibe erstochen war, einen seiner Lehensleute Wölfl von Puchel unter großen Versprechungen ersucht, ihm sein Roß zu überlassen, aber die Antwort empfangen: „Ich entrinne als gern, als Ihr". (So berichtet Ottokars „Reimchronik" pag. 493—498.) In Judenburg wurde Stubenberg vor den Herzog geführt, welcher den Rath seiner Umgebung, den hartnäckigen Gegner die Erhebung mit dem Tode büßen zu lassen, ablehnte und sich nur dessen sämmtliche Schlösser: Stubenberg

Guttenberg, Karpfenberg und Katsch über-
antworten ließ, ihn aber gleichwohl noch
weiter auf Offenburg an der Bölß und
dann zu Hainburg gefangen hielt. Erst als
der Herzog nach Unterwerfung der Steirer
diesen aus freien Stücken ddo. Freisach
20. März 1292 die alten Freiheiten und
Landesgewohnheiten neu verbrief, sowie
den Widerstand des Grafen Ulrich von
Heunburg gebrochen hatte, vermittelte
Friedrichs von Stubenberg, zugleich
auch Herzog Albrechts hochangesehener
Oheim Graf Friedrich von Ortenburg einen Vergleich, gemäß dessen Friedrich von Stubenberg 1000 Mark
für seine persönliche Freiheit, 3000 Mark
für die Rückgabe seiner Schlösser, zusammen 4000 Mark Silbers zahlte und in der
Urkunde ddo. Gratz den 24. August 1293.
unter dem Siegel seines Oheims Grafen
Friedrich von Ortenburg und seines
Bruders Heinrich und unter seinem eigenen
gelobte, dem Herzoge Albrecht von Oesterreich treu zu dienen. Dieser Vertrag erdückte
den Dynasten von Stubenberg zur
Ministerialität herab. Dem politischen Leben scheint Friedrich nun sich fern-
gehalten und nur sein Bruder Heinrich
darin noch thätig geblieben zu sein. Den
Namen seiner Gattin kennen wir nicht,
wohl aber den seiner Tochter Elsbeth,
welche er um 1300 an Ulrich von Kind-
scheid vermählte. [Sartori (Franz), Le-
bensbeschreibungen berühmter Helden u. s. w.
(Wien 1814, 8°.) S. 351; „Friedrich von
Stubenberg". — Mailath (Johann
Graf), Geschichte des österreichischen Kaiserstaates (Hamburg 1850, Franz Perthes,
8°.) Bd. I, S. 70 und 73. — Friedrichs Niederlage bei Kranhalb behandelte
J. J. Hannusch poetisch und befindet
sich das Gedicht abgedruckt in der „Oesterreichischen Adelshalle" (Wien 1842, Franz
Wimmer, 12°.) S. 303, in welche es aus
dem Hormayr'schen „Taschenbuch für
vaterländische Geschichte", worin es zuerst
abgedruckt war, aufgenommen wurde.] —
12. Friedrich (III.) (gest. um das Jahr
1372), ein Sohn Wülfings (VIII.) aus
dessen Ehe mit Osmey, Tochter Ste-
phans von Meissau, Marschalls in
Oesterreich. Die zahlreichen Käufe und Be-
sitzveränderungen, welche Friedrich vor-
nahm, findet man im „historisch-topogra-
phischen Lexikon der Steiermark" von Carl

Schmutz (Bd. IV, S. 121 innerhalb der
Jahre 1348—1372) ausführlich verzeichnet.
Aus demselben entnehmen wir auch, daß
er die Vogtei über das Kloster St. Lambrecht besaß und durch eine herzogliche
Urkunde ddo. 1 October 1365 zugleich mit
seinem Bruder Otto (III.) wieder in den
Besitz der Noatei von Göß gelangte. Schon
1343 wird er als oberster Schenk des Herzogs Rudolph IV. von Oesterreich erwähnt, in dessen Gefolge er sich 1362 zu
Ofen aufhielt. Seine drei Ehen, wie seine
Nachkommenschaft sind aus der I. Stammtafel ersichtlich. Sein Bildniß (von J. A.
Böner) in Kupfer gestochen, zeigt ihn
mit dem federgeschmückten Barette auf dem
Kopfe, in der Vollkraft seiner Jahre. Unter der Unterschrift: „Friedrich Herr von
Stubenberg, Herzog Rudolphi in Ost-
reich Hoff Herr 1360." sieht man von
einem Eichenkranze umgeben das Doppelwappen der Stubenberg und Carrara.
Eine Carrara, Tochter des kaiserlichen
Generalvicars Franz von Carrara in
Padua, war Stubenberg's zweite Gemalin. — 13 Friedrich (IV.) (gest. um
1443). Ein Sohn Ulrichs (IV.). Er
wird neben seinen Brüdern Ulrich und
Wülfing als Begleiter des Herzogs
Albrecht III. von Oesterreich auf dessen
Zuge nach Preußen wider die Heiden 1377
genannt, wobei er das Banner der Steiermark trug. Von 1404—1421 wird er als
Hofmeister des Herzogs Albrecht von
Oesterreich aufgeführt. 1412 und 1413 befand er sich mit dem Herzog Ernst in
Volkstina und wird vom Jahre 1417 ab
als Rath dieses Fürsten bezeichnet. Nach
dem 1403 erfolgten Tode seines Oheims
Otto (III.) der älteste des Stubenberg'schen Hauses, hatte er nach den
noch vorhandenen Urkunden einen großen
Grundbesitz. Nach seines Vaters Tode erhielt er 1383 Stubed; nach jenem seiner
Brüder Wülfing und Ulrich Katsch
und Höflein, durch seine Gemalin Elsbeth
von Kranichberg 1386 die Veste Steyerberg,
welche er aber schon 1392 seinem Bruder
Ulrich verkaufte. Dazu brachte er durch
Kauf an sich: vom Freisinger Bischof den
Thurm zu St. Peter am Kammersberge,
1404 den Hammer zu Wasserleit, 1405 von
den Kranichpergern deren Güter zu
Scheufling, um 1420 die Güter in der
Pach und 1417 wurde er mit dem Schlosse

Rubein in Friaul belehnt. Als lebend wird er in Urkunden am 31. März 1440 zum letzten Male, dagegen am 26. Februar 1443 bereits als verstorben angeführt. [Grazer Zeitung vom 2. u 3. Jänner 1877: „Albrecht's III., Herzogs von Oesterreich und Steier, Preußen-Zug". Von Dr. Hönisch]. — 14. Friedrich (VI.) (lebte noch 1403). Vom Wurmberger Aste. Sohn Leuthold's, ob aus dessen erster Ehe mit Agnes von Pettau, oder aus dessen zweiter mit Ursula Truchseß von Emmerberg, kann nicht angegeben werden. Er war Page des Erzherzogs Maximilian. 1468 noch unvogtbar und besaß die unweit Marburg gelegene Herrschaft Haus am Bacher (insgemein Hausenbach genannt). 1491 erhielt er als Kaiser Friedrich's Kämmerer neben Tibold Harracher und Hans Beuerl den Befehl, den Ungarn das Schloß Hochenbruck zu entreißen. 1492 wurde er mit zwei anderen Edlen von den steirischen Ständen an den Kaiser Friedrich abgesandt, um diesem die Beschwerden ihres Landes vorzutragen. Bei der Beerdigung Friedrich's III. 1493 trug er den Helm des Kaisers. Ob er identisch mit jenem Friedrich von Stubenberg, welchem Kaiser Maximilian 1512 eine Zahlung von 12.000 fl. zusicherte (Schmutz, Bd IV. S. 129), ist aus den uns vorliegenden Behelfen nicht zu entscheiden. — 13. Georg (III.) (geb. zu Kapfenberg 25. October 1560, gest. zu Regensburg 21. April 1630). Vom Kapfenberger Ast. Der ältere Sohn Wolfgang's (XIII.). Seit 1594 kaiserlicher Rath und Kämmerer, wurde er 1610 Burggraf der Stadt Steyer, wo er im Juli 1613 den Besuch des Kaisers Mathias und der Gemalin desselben empfing. Im Jahre 1614 wohnte er dem zu Linz wegen Beralbung der ungarischen Kriegsangelegenheiten tagenden Convente bei, auf welchem er das Burggrafenamt niederlegte. Als Protestant wanderte er 1629 mit seiner zweiten Gattin Amalie, der Letzten des Namens und Stammes von Liechtenstein-Murau, nach Bayern aus, wo er schon im folgenden Jahre im Alter von 70 Jahren starb und zu St. Lazarus in Regensburg begraben wurde. Sowohl seine erste Ehe mit Barbara von Thyrnhüller, als seine zweite mit Amalie von Liechtenstein blieb ohne Nachkommenschaft. [Porträt. Unterschrift: „Georg der Aelter, Herr von Stubenberg auf Kapfen-

berg, Mueregk, Frauenburg, Geyersperg, Obrister Erbschenk in Steyer. Kaiser Ferd. II. Rath und ältester Kammerherr, war geboren 1560, starb 1630" (fünf Zoll hohes Brustbild). Geschabt von Georg Fenniger.] — 16. Georg (V.) (geb. 20. Febr. 1632, gest. 1702). Vom älteren Zweige des Kapfenberger Astes. Ein Sohn Wolfgang's (XVI.) aus dessen erster Ehe mit Anna Crescentia Freiin von Scheitt (nicht Schnydin, wie es bei Zedler heißt). Im Jahre 1678 ist Georg Verordneter der steirischen Stände, deren Haupt er später wurde. In den Jahren 1687 — 1702 bekleidet er das Amt des Landeshauptmannes der Steiermark. Auch war er geheimer Rath. Die erste der Seitencapellen zur Rechten im Grazer Dome ließ er 1695 erweitern und mit Fresken und Statuen schmücken. Zu Gunsten seines Neffen Leopold, ältesten Sohnes seines Bruders Franz Georg, gründete er im Jahre 1699 das Stubenberg'sche Fideicommiß zu Kapfenberg und Wielen. Er vermälte sich dreimal: 1. mit Maria Franziska Gräfin Waldstein, 2. mit Anna Crescentia Freiin von Saller und 3. mit Maria Anna Gräfin Attems, verwitweten Freiin von Zollern, doch sämmtliche Ehen blieben kinderlos. — 17. Georg Augustin (geb. 19. December 1628, gest. bei Nürnberg 1691). Vom Wurmberger Aste (Ein Sohn des Georg Sigismund und dessen vierter Gemalin Regina Sybilla Gräfin Khevenhüller. Wir gedenken seiner vornehmlich aus dem Grunde, weil er in Dru- gulin's „Porträtkatalog" (Nr. 20488) als Kunstsammler verzeichnet steht. Auf diese seine besondere Eigenschaft weist auch ein ihn darstellendes Bildniß hin, welches die Unterschrift trägt: „Georg Augustin Herr zu Stubenberg auf Wurmberg, Ebensfeld, St. Johann, Hausambacher, Klöch und Halbenrain, Obersterbschenk in Steyr, geb. 1628". Gemalt Claudius Pfleger, gest. Bartlmä Kilian 1669. Es ist das Kniebild eines im vollen Mannesalter stehenden Edelherren in reicher Gewandung. Im Hintergrunde gewahrt man verschiedene Gegenstände der Kunstindustrie. Ueberhaupt scheint in dieser Familie sehr viel Kunstsinn gesteckt zu haben, denn von seinem Vater Georg Sigismund sind zwei Bildnisse vorhanden, von denen das eine denselben im Knabenalter, das andere als Mann darstellt. Es ist sowohl das letztere, als auch das Porträt

von Georg Sigismunds zweiter Frau
Anna Elisabeth, geborenen von Stubich
und nach einem Gemälde von D. Preisler
das seiner vierten Frau Regina Sybilla,
geborenen Khevenhüller, von Bartholo-
mäus Kilian gestochen. Dann existirt ein
Stich von Georg Sigismunds Tochter
aus erster Ehe, Anna Justine, ein Blatt
in 12°., gest. von J. Frand, und noch
vier Blätter: Georg Augustins zwei Ge-
malinen und zwei Kinder darstellend, nämlich Amalie, geborene von Khevenhüller (4°.),
gest. von B. Kilian, ein schönes Blatt,
und Louise, geborene Rheingräfin von Daun,
gemalt von Preisler, gest. von Ph. Kilian; dann der Sohn erster Ehe, Georg
Wilhelm, im Knabenalter, gest. von
G. A. Wolfgang, und die Tochter zweiter
Ehe, Ernesta Charlotta, im Alter von
zwölf Jahren, gest. von G. C. Eimmart.
Zum Schlusse seien noch zwei Stiche erwähnt:
Georg Augustins Bruder Otto Gal-
lus und dessen Gemalin Hedwig Sophie,
geborene Herberstein, beide Blätter Ra-
dirungen von J. F. Leonart aus dem
Jahre 1668. — 18 Heinrich (I.) (gest. um
das Jahr 1316). Sohn Ulrichs (II.) und
Elsbeths von Ortenburg. Im Jahre
1284 befand sich Heinrich im Gefolge des
Herzogs Albrecht zu Bruck; 1289 im Kriege
gegen den Grafen Iwan von Güssingen
(Güns), wo er neben seinem Bruder Ulrich durch Rath und That sich glänzend
hervorthat. Unter den im Jahre 1298 an
Herzog Albrecht entlehnten „poten von
der amain" der Herren von Oesterreich wird
in der Ottokar'schen „Reim-Chronik" ein
Hadmar von Stubenberg angeführt,
unter welchem fremden Vornamen sich wahrscheinlich Heinrich von Stubenberg
birgt. Im Jahre 1309 wurden Heinrich
und der Burggraf von Görz aufgefordert,
wider den neuen Landesherrn Friedrich
den Schönen in eine Verbindung zu treten,
welches Ansinnen aber Heinrich zurück-
wies. Nach der Wahl seines jüngsten Bruders Wülfing zum Bischof von Bamberg
ist er von 1304 bis 1307 Hauptmann
dieses Hochstiftes zu Villach, und diesen
Titel führt er auch noch 1311—1313. Im
Jahre 1318 hatte er als Anwalt der Witwe
des Grafen Ludwig von Vorziliis (Por-
zia) einen Streit, welcher vom König
Friedrich dem Schönen, unter Beirath
des Königs Heinrich von Böhmen, des

Herzogs von Kärnten des Bischofs von
Freisingen dann der Grafen von Görz und
Heunburg, geschlichtet wurde. Heinrich
war dreimal vermält, doch blieben alle seine
Ehen kinderlos. [Luschin (R.), Die Ent-
stehungszeit des österreichischen Landrechtes
(Graz 1871, gr. 4°.) S. 28.] — 19. Jacob (I.) (gest. zwischen 1434 und 1437).
Ein Sohn Friedrichs (III.). Er widmete
sich dem Dienste seiner Landesfürsten. 1407
und noch 1409 als Hauptmann in Krain.
1418—1419 urkundlich als Hauptmann in
der Steiermark. Kaiser Wenzel gedenkt
in dem Diplom vom 19. December 1410
der „mannichfeldige dinste und trewn", die
Jakob dem Kaiser und dem Reiche „ofte
und dicke nützlich und williclich erzeigt und
getan hat", und ziert zur Anerkennung
dieser Leistungen das Wappen des Stubenberg mit einer goldenen Krone. Durch die
im Jahre 1394 erfolgte Vermälung desselben mit Anna von Liechtenstein-Nurau fielen
dem Hause Stubenberg später die Herrschaften Liechtenstein und Frauenburg zu.
Anna gebar ihm einen Sohn Hans (III.)
und eine Tochter Crescenz. Jacobs
zweite Frau Barbara von Ebersdorf schenkte
ihm drei Töchter: Anna, vermälte Niclas
von Liechtenstein, Martha und Margaretha. — 20. Johann (Hans). Ein
Vetter der Söhne Friedrichs (III.). Von
seinem Vater ist nichts bekannt. Er selbst
lebte von 1380 an und starb zwischen dem
11. April 1412 und 26. April 1414. Im
Jahre 1399 vermälte er sich mit Elsbeth,
geborenen von Puchheim, Witwe des Johann
von Liechtenstein-Nicolsburg, welcher als Hofmeister des Herzogs Albrecht III. im Jahre
1394 aus nicht zu ermittelnden Gründen bei
seinem Gebieter in Ungnade fiel, wobei er
große Einbuße an seinem Vermögen erlitt;
er starb bald darauf (1398). Unmittelbar
nach der Verehlichung Elsbeths mit dem
Stubenberg stellte dieser namens seiner
Gemalin Erbansprüche an Johann von
Liechtenstein's Brüder und Neffen, und
es kam zwischen beiden Parteien zu jahre-
langen blutigen Fehden, welche endlich im
Jahre 1405 durch einen Frieden ihren Ab-
schluß fanden. Elsbeth behielt ihre liegen-
den Güter und bekam außerdem 1700 Pfund
Viennig zugezahlt. Nachklänge dieses Streites
reichen bis ins Jahr 1403. 1409 rat Hans
mit Herzog Ernst dem Eisernen in den
ungarischen Drachenorden ein, nahm somit

Stellung gegen den Herzog Leopold. Seine Gattin Elsbeth überlebte ihn. — 21. Johann (III.) (Hans) (gest. im Mai 1462). Der Begründer des Kapfenberger Astes. Einziger Sohn Jacobs (I.) aus dessen erster Ehe mit Anna von Liechtenstein-Murau. Einer der reichsten und vermögendsten Edelleute der Steiermark, war er als Landeshauptmann daselbst von 1436—1432 mannigfach bei Schlichtung größerer und kleinerer Streitfälle thätig. Auch seine Stellung am Hofe des Kaisers muß eine hervorragende gewesen sein, wie dies die folgenden Nachrichten über die Ereignisse des Jahres 1432 bezeugen. Als Friedrich Ende December 1431 zur Kaiserkrönung nach Italien zog, ließ er die österreichischen Stände unter Ulrich Eyzinger's Führung in offener Empörung zurück. Seine Vormundschaft über König Ladislaus und die allgemeine Unzufriedenheit mit seiner steirischen Umgebung gaben den Anlaß zu den größten Beschwerden. Graf Ulrich von Cilli ging zur Partei der Empörer über, und zu Florenz empfing der Kaiser des Grafen Gesandte, welche ihm dessen Ablage zu melden und zu begründen hatten. Sie warfen ihm unbeständige Gesinnung und die Unzulänglichkeit des Schutzes wider die Ungarn und Türken vor. Friedrich verantwortete sich in längerer, alle Beschwerden berührender Rede damit, daß er seinen Unterthanen befohlen habe, dem Grafen Ulrich wider Ungarn oder Türken so thätig beizustehen, als ob er selbst von diesen angegriffen sei, und fügte schließlich hinzu: „Johann von Stubenberg soll unser Zeuge sein, den wir oft aus Oesterreich nach Steiermark befehligt haben, daß er im Nothfalle den Heerbann für den Grafen aufbiete". An seinem Krönungstage, den 19. März, ertheilte Kaiser Friedrich dem Jacob, Leuthold und Friedrich von Stubenberg auf der Tiberbrücke den Ritterschlag. [Muchar (Albert von), Geschichte des Herzogthums Steiermark (Graß 1845 u. f.) Bd. VII, S 368—376.] — 22. Johann (IV.) (Hans). Vom Wurmberger Aste. Hie und da wird ihm der Vorname Andreas beigelegt, den auch sein Schwiegervater, der berühmte Andreas Baumkircher, führte. Er ist ein Sohn Leutholds et aus dessen erster Ehe mit Agnes von Pettau. Urkundlich tritt er zuerst 1443 auf, im Jahre 1480 weilt er nicht mehr unter den Lebenden. Durch eine eigenthümliche Verkettung von Umständen wurde er in seines Schwiegervaters Baumkircher blutige Wirren verwickelt, deren nächste Ursache neuere Historiker in einem Testamente finden wollen, welches Hansens Mutter Agnes von Pettau am 13. April 1443 errichtet und worin sie bestimmt hatte, daß, im Falle ihre männliche Descendenz unbeerbt ableben sollte, der Kaiser als Landesherr der Steiermark und Kärnthens ihre Herrschaften und Schlösser Wurmberg, Schwanberg sammt dem Markte, und Hollenburg in Kärnthen erbe. Hans, als der ältere Sohn, erhielt die genannten Herrschaften, der jüngere Sohn Friedrich Haus am Bacher (Haufenbach). Der Erstere sieht sich veranlaßt, mittels der Urkunde vom 24. April 1463 seine Schlösser Wurmberg, Schwanberg, Haus, Hollenburg und Entrach seinem lieben Freunde Andrä Baumkircher, Eran zu Pressburg, für den Fall als Eigenthum zu verschreiben, als der Stubenberg'sche Mannesstamm erlöschen sollte, zum Dank dafür, daß Baumkircher „unter großen Gefahren ungespart seines Leibes und Gutes ihn bei Erb und Gut erhielt". Nachdem er am 6. December 1464 seine Verlobung mit Martha, der kaum zur Jungfrau herangereiften Tochter Baumkircher's verkündet hatte, bestätigte er Baumkircher's Erspecianz am 30. September 1466. Die Heirat aber kam etwa 1470 zum Vollzuge. Wie sich die Verwicklungen zwischen dem Kaiser und Baumkircher allmälig gestaltet und immer mehr zugespitzt, ist ein Gegenstand, der die neuesten Geschichtsforscher stark beschäftigt hat, und die in den Quellen angeführten Werke und Abhandlungen bringen wenn nicht endgiltige Resultate, doch auf höchster Wahrscheinlichkeit beruhende Vermuthungen. Für uns ist es nur wichtig, zu wissen, daß Hans Stubenberg treu zu Baumkircher hielt, als mit dem Jahre 1463 die Entfremdung zwischen demselben und dem Kaiser sichtlich zu Tage trat. Es scheint, daß der Letztere das Absterben der Stubenberg nicht abwarten, sondern ihre Besitzungen schon eher in seine Gewalt bekommen wollte, wogegen sich Hans von Stubenberg wehrte. Zudem knüpften die Pflicht der Dankbarkeit sowohl, als die Bande der nächsten Blutsverwandtschaft Hans an den tapferen steirischen Ritter und weihten ihn auch zum Gefährten im Unglück, als Baumkircher's Stern verblaßte. Mit den

übrigen Verschworenen kündete Johann
von Stubenberg im Jahre 1468 dem
damals in Rom weilenden Kaiser Fehde.
Während derselben wurde die dem Stubenberg gehörige Hollenburg von den Kaiserlichen erstürmt, dagegen aber auch dem
Kaiser und seinen Ländern bedeutender
Schaden zugefügt, bis dieser unter dem
Drucke der Nachbarschaft des Königs Mathias Corvinus und gedrängt von den
auf dem Landtage von Völkermarkt ver-
sammelten Steirern und Kärntnern, daselbst
am 30. Juni und 2. Juli 1470 mit den
Baumkircher, Stubenberg und den
Anderen Frieden schließend, dieselben wieder
in Gnaden aufnahm. Allein die Abfertigung
der Ansprüche Baumkircher's und der
Seinigen verzog sich, so daß der Krieg noch
immer kein Ende fand. Als dann Baumkircher unter freiem Geleite zu neuen
Verhandlungen nach Graz kam, ereilte ihn
sein Schicksal. Ein mit dem Verlaufe der
Dinge bekannt gewesener Zeitgenosse tadelte
den Baumkircher ob seines Vertrauens
zu dem Geleitsbriefe, der Ritter habe dadurch
gezeigt, daß er mehr „Heuen- als Fuchsbirn"
besessen. Der Baumkircher war gefähr-
lich, man wollte sich deßhalb seiner entledi-
gen und so wurde ihm, es scheint, ohne viel
Procedur, am 24. April 1471 der Kopf abge-
schlagen, eine Handlung, die dem Kaiser
nicht zu Gunsten gerechnet werden kann.
In dem dramatischen Abschlusse der Empörung
tritt Baumkircher's Unglücksgenosse Andreas Greissenegger neben dem Haupt-
helden der Tragödie in den Vordergrund.
Hans von Stubenberg, einer der Brüder Narringer und Jacob Schreiber
werden gefangen genommen und festgehalten.
Es erscheint deßhalb Hans von Stubenberg nicht mehr in dem Adelsbunde, welchen Wilhelm Baumkircher, um den
schmachvollen Tod des Vaters zu rächen,
alljsogleich ins Leben rief. Mit diesem Bunde
pactirte endlich der Kaiser, indem er am
8. Mai 1472 mit der Witwe Baumkircher's, den beiden Söhnen Wilhelm und
Jörg (dessen Gemalin Margaretha von
Stubenberg), den Töchtern Martha
(vermälten Stubenberg) und Katharina
über ihre Geldforderungen sich verglich. Bei
diesem Anlasse dürfte Stubenberg die
Freiheit wieder erlangt haben; doch möchte
hiermit wohl kaum die Spannung zwischen
dem Kaiser und Stubenberg nachgelassen

haben, noch viel weniger das volle Einvernehmen zwischen beiden hergestellt worden
sein. Hans Stubenberg hatte bei diesen
Händeln wohl nicht Alles, jedoch so Vieles
eingebüßt, daß der Glanz seines Hauses für
immer verdunkelt, die Macht desselben
dauernd gebrochen blieb. Wurmberg war
ihm wohl geblieben, hingegen Hollenburg,
Schwanberg und Anderes gingen ihm für
immer verloren. Hans war in erster Ehe
mit Helene von Tschernembl vermält, welche
Ehe kinderlos geblieben zu sein scheint; seine
zweite Frau war die bereits erwähnte Martha,
Baumkircher's Tochter, welche ihm drei
Söhne gebar, deren ältester, Caspar [S. 13,
Nr. 4], die Wurmberger Linie fortpflanzte.
[Mittheilungen des historischen Vereins
für Steiermark, 1869, Heft XVII, S. 73
bis 129: „Zur Geschichte der Steiermark
vor und in den Tagen der Baumkircher-
Fehde". Von Prof. Dr. Franz Krones. —
Beiträge zur Kunde steiermärkischer Ge-
schichtsquellen, VII. Jahrg. (1870), S. 3—35:
„Die zeitgenössischen Quellen der steiermär-
kischen Geschichte in der zweiten Hälfte des
fünfzehnten Jahrhunderts". Von Professor
Dr. Franz Krones. — Zeitschrift für
österreichische Gymnasien (Wien, 8°) 1871,
Heft 7 und 8: „Zeugenverhör über Andreas
Baumkircher's Thaten, Leben und Ende" Von
ebendemselben. — Mailáth (Johann Graf),
Geschichte des österreichischen Kaiserstaates
(Hamburg 1830, Perthes, 8°) Bd I, S. 302.
—(Hormayr's) Archiv für Geschichte, Statistik, Literatur und Kunst (Wien, 4°) Jahrgang 1818, Nr. 132: „Baumkircher und
Stubenberg".] — 23. Johann (VI.) (gest.
um 1372). Vom Kapfenberger Aste. Der
älteste Sohn Wolfgang's (XII.) mit Sophie von Teuffenbach Johann ist der
Stammvater des noch heute blühenden Stubenberg'schen Astes. Er errichtete 1363 für
sich und seine Nachkommen eine Begräbnißstätte zu Maria am Weizberge, in welche
zuletzt der am 10. Juni 1731 verstorbene
General Franz Herr von Stubenberg
gesenkt wurde; 1367 vollzog er den Umbau
des Schlosses Guttenberg in dessen heutiger
Gestalt und errichtete 1369 zu Mureck ein
Spital, wie die noch vorhandenen Inschriften daselbst bezeugen. Er war ein strammer
Vertreter der alten ständischen Freiheiten und
besonders den Hofleuten nicht gewogen.
Ein Zwiegespräch zwischen ihm und dem berühmten Diplomaten Sigmund von Herber-

ſtein [Wurzbach's „Lexikon". Bd. VIII, S. 342, Nr. 65] gibt Zeugniß von dieſer ſeiner widerhaarigen Geſinnung. Zu Graz im Wirthshauſe kamen beide zuſammen. Als Herberſtein über das Hofweſen ſprach, äußerte ſich Stubenberg: „Kein ehrlicher Mann hätte daſelbſt Platz". Herberſtein erwiderte: „Wo ich zu Dienſt käme, verhofft' ich mich auch daſelbſt zu behaupten". Nun meinte Stubenberg: „Ja, Du nähmeſt einen Abarnier (Schreibmappe) an den Arm wie ein Schreiber". Herberſtein ſchloß dann das unerquickliche Geſpräch mit den Worten: „Schäme mich nicht, eines römiſchen Kaiſers Schreiber zu ſein". [Grazer Tagespoſt vom 9. Februar 1864.] — 24. Johann (VII.) (geb. 5 September 1639, geſt. 1. Juni 1664). Vom Kapfenberger Aſte. Ein Sohn Wolfgangs (XVI.) und Anna Creſcentia von Schritt. Er diente in der kaiſerlichen Armee, focht in Ungarn gegen die Türken und fand in der für die Oeſterreicher ſiegreichen Schlacht bei St. Gotthard den ehrenvollen Soldatentod auf dem Schlachtfelde. — 25. Johann Wilhelm, genannt der „Unglückſelige" und auch der „unglückſelige Selige" (Infortunatus fortunatus) (geb. 1619, geſt. zu Wien 12. April 1663). Vom Kapfenberger Aſte. Ein Sohn des bei Zelin verunglückten Rudolph [S. 24, Nr. 32] aus deſſen dritter Ehe mit Juſtina von Zelling. Sein Kindesalter fällt in eine bewegte Zeit. Die Folgen der Schlacht am weißen Berge hatten unter ſeinen Standesgenoſſen und namentlich auch unter den Familien des ſteiriſchen Adels mannigfache Veränderungen herbeigeführt und auch ihn, der mit ſeiner Gemalin zunächſt ſeinem Heimatlande Steiermark angehörte, in die Fremde getrieben, wo er, wannzwar in Wien geſtorben, ſeine letzte Ruheſtätte fand. Er war ein Mann von ungewöhnlichen Geiſtesgaben und umfaſſender Bildung. Ueber ſeine Jugend- und ſeine erſten Mannesjahre liegen nur lückenhafte Nachrichten vor. Die Jugendzeit ſcheint er in Böhmen verlebt zu haben, wo ſein Vater, der eine Dame aus einem böhmiſchen Adelsgeſchlechte, Katharina von Smiřitz, in zweiter Ehe zur Frau hatte, mehrere Jahre zubrachte und ein vorſchnelles Ende fand. Während des dreißigjährigen Krieges ſcheint er größtentheils im Auslande gelebt zu haben. So z. B. wiſſen wir daß er im Jahre 1638 in Oldenburg bei dem Herzog Anton Günther, einem der berühmteſten Pferdezüchter ſeiner Zeit, ſich befand; auch war er auf dem Reichstage zu Regensburg zugegen und ritt ein Pferd aus dem Fugger'ſchen Geſtüt zu Traetzberg. Es iſt bekannt, daß der Weimar'ſche Gehelmrath und Hofmarſchall Caspar von Teutleben im Jahre 1617 die nachmals berühmt gewordene fruchtbringende Geſellſchaft oder den Palmenorden gründete. In dieſe intereſſante Geſellſchaft, deren Geſchichte wiederholt Gegenſtand literariſcher Abhandlungen war, trat Johann Wilhelm im Jahre 1648 (er zählte damals noch nicht 30 Jahre) unter dem Namen der „Unglückſelige" ein. Er gehört zu den bedeutenderen Mitgliedern dieſes Ordens, deſſen Hauptaufgabe die Reinigung und Vervollkommnung der deutſchen Sprache bildete. Er überſetzte mehrere Romane aus fremden Sprachen, und zwar: „Eromena", d. i. Liebes- und Heldengedichte aus dem Italieniſchen des Ritters Biondi (1656); — „Von menſchlicher Vollkommenheit, aus dem Franzöſiſchen des Ritters Sorel" (1660); — des Petulamii „Vertrauliche Reden"; — des Palavicini „Samſon"; — des Loredani „Geſchichtliche Reden"; — „Clölia", eine römiſche Geſchichte (1664); — des Job. Bapt. Marini „Coloander"; — ebendeſſelben „Wettſtreit der Verzweifelten"; — des Johann Baptiſt Mancini „Dem Weiſen iſt verboten, zu dienen"; — des Aſfarini „Demetrius"; — des Franz. de Grenalile „Plaiſir des Dames"; — unter dem Namen „Infortunatus fortunatus" gab er die Schriften „Religions- und Profanreden", „Der wahre Syncretismus im römiſchen Reiche" u. a. heraus. Er ſtand mit der berühmten Freifrau Margaretha Maria von Buwingbauſen in gelehrtem Briefwechſel, und daß er im Palmenorden eine bevorzugte Stelle einnahm, erhellt aus einem Schreiben ddo. Weimar 9. Februar 1657, welches das damalige Oberhaupt des Palmenordens Herzog Wilhelm von Sachſen, genannt der „Schmackhafte", an Stubenberg richtet und worin er ihm als dem „werten Unglückſeligen", als einem .... ſowohl von Perſon als ſtattlichen Geſchicklichkeiten und Gemüthsgaben wohl bekannten Mitgliede", die Aufnahme der öſterreichiſchen Grafen Rotthaft, Epringenſtein und Windiſchgrätz und des Freiherrn Schmied von Schwarzenborn in den Palmenorden aufträgt. Aber auch — wie bereits oben angedeutet worden — in den Cavaliers-Passionen war St. mehr als Dilettant, wenigstens weist darauf hin seine Schrift: „Norma seu regula armeniorum recte ac perfecte instituendorum", welche im Jahre 1662 in lateinischer Sprache in Wien erschien. Schon Wolfg. Helmhart von Hohberg, Verfasser des Buches „Adliches Landleben", bemerkt in seiner „Georgica curiosa" von Stubenberg's Buche: „Opus in paucorum manibus existens". Stubenberg hat es den Magnaten und dem Adel Ungarns gewidmet und deshalb in lateinischer Sprache geschrieben. Das gedruckte in Groß-Quart herausgegebene Werk zählt 111 Seiten; einer der interessantesten Abschnitte darin ist jener über die Gestüte verschiedener Länder, worin Stubenberg ganz auf eigenen Füßen steht und seine auf den verschiedenen Reisen in fremder Herren Ländern gemachten Beobachtungen niederlegt. Im Jahre 1635 war Johann Wilhelm zugleich mit seinem Vetter Wolfgang (XIV.) in die ungarische Magnatentafel aufgenommen worden. Im J. 1642 hatte er sich mit Felicitas Dorothea Freiin von Eibiswald (geb. zu Graz 13. Juli 1622) zu Schallaburg in Niederösterreich vermält, welche ihm zwei Söhne, Rudolph Wilhelm und Otto (VIII.), gebar. Des Letzteren Nachkommenschaft erlosch in seinen Kindern, die des Ersteren im Jahre 1771 in seinem Enkel Wilhelm August. Felicitas Dorothea starb zu Regensburg am 16. December 1667. Johann Wilhelms Geburts- und Todestag wird aber sehr verschieden angegeben. Nach Einigen wurde er 1619 geboren und starb am 12. April 1663, nach Andern wurde er 1631 geboren und starb am 1. Mai 1688. Auffallend in beiden Fällen ist die präcise Angabe des Todestages, was aber das Geburtsjahr 1631 betrifft, so ist es mit Rücksicht auf die Zeit des Todes seines Vaters ganz unmöglich. Auch der oben erwähnte Aufenthalt bei Anton Günther von Oldenburg 1638 spricht dagegen. [Kurze genealogische Beschreibung der Herren von Stubenberg. Geschrieben in Regensburg von J. Seifert im Jahre 1703. Manuscript im Besitze der Familie. — Barthold (J. W.), Geschichte der fruchtbringenden Gesellschaft (1848). — Kurz (Heinrich), Geschichte der deutschen Literatur mit ausgewählten Stücken aus den Werken der vorzüglichsten Schriftsteller (Leipzig 1859, B. G. Teubner, schm. 4°.) Bd. III,

S. 235/b, 406/b und 412/a. — (Hormayr's) Archiv für Geschichte, Statistik, Literatur und Kunst, fortgesetzt von Mühlfeld (Wien, 4°.) Jahrgang 1823, S. 872: „Grabschriften zu Kittsee". — Porträte. 1) Unterschrift: „Johann Wilhelm Herr von Stubenberg auf Kapfenberg, Schallaburg und Lichtenberg, Erbschenk in Steyer, in der fruchtbringenden Gesellschaft der Unglückselige, Rudolphi Sohn". Brustbild in einem ovalen Lorbeerrahmen mit Stubenberg's Wappen. Gestochen von Clinmart. — 2) Unterschrift: „Der Unglückselige". Rechteckig eingerahmtes Brustbild. — 3) Unterschrift: „Johann Wilhelm Herr von Stubenberg auf Kapfenberg, Erbschenk in Steir, in der fruchtbringenden Gesellschaft der Unglückselige genannt". Brustbild in Allonge-Perrücke. Ovalrahmen. J. Franck sc. (kl. 8°.). — 4) Bildniß seiner Gemalin. Unterschrift: „Felicitas Dorothea Herrin von Stubenberg, geborne Freiin von Eibiswald". C. C. Clinmart Inc. Seitenstück zu 1.] — 26. Joseph [siehe die besondere Lebensskizze S. 32]. — 27. Karl (geb. 11. August 1734, gest. 10. Juli 1802), ein Sohn Georg (VII.), widmete sich dem Waffendienste in der kaiserlichen Armee, machte den siebenjährigen Krieg (1756—1763) mit, war von 1778—1787 Oberstlieutenant, von 1787 bis 1792 Oberst und Commandant des Infanterie-Regiments Nr. 49 und wurde 1792 General-Feldwachtmeister, als welcher er im Alter von 67 Jahren starb. Seine Ehe mit Therese von Janson blieb kinderlos. — 28. Leopold (geb. zu Graz 11. April 1663, gest. 9. Juli 1708). Vom Kapfenberger Aste. Der älteste Sohn des Grafen Franz Georg (IV.) aus dessen Ehe mit Maria Katharina Gräfin Rindsmaul. Niemand Geringerer als Kaiser Leopold I. war sein Pathe. Wir finden den Grafen Leopold im Jahre 1703 unter den steiermärkischen Verordneten, 1708 war er Mitglied des innerösterreichischen geheimen Rathes und k. k. Kämmerer. Er starb eines gewaltsamen Todes. Am 7. Juli 1708 fand zwischen ihm und dem Grafen Anton Saurau, einer Stichelei dieses Letzteren wegen, in der Bürgergasse zu Graz ein Rencontre statt, dessen Folgen Graf Leopold schon zwei Tage später erlag. Die Stichelei bezog sich auf die Frage, welches von beiden Häusern älter sei, das der Stubenberg oder jenes der Strattmann? Das Zedler'sche Lexikon berichtet den Vorgang folgendermaßen: „Da er Mittags aus dem geheimen Raths-Collegio nach Hause fahren wollte, wurde er von zwei bekannten Grafen angefallen und zu einem Duelle aufgefordert. Und da er solches abschlug, bekam er zwei tödtliche Stiche, woran er in kurzer Zeit seinen Geist aufgeben mußte". Thatsächlich war das Ganze nichts weniger als ein Duell, sondern ein von den Grafen Herberstein und Saurau auf den Grafen Stubenberg unternommener Mordanfall. Das Gericht erkannte gegen Beide auf zehnjährige Haft auf dem Grazer Schlosse. Seit 1701 war Graf Leopold mit Maria Regina, gebornen Freiin Zottner von Maffersberg, verwitweten Bernhard Graf Rindsmaul, vermält, welche ihm einen Sohn Georg und drei Töchter (siehe die Stammtafel II) gebar. [Tagespost (Grazer polit. Blatt) Nr. 141 und 151: „Das Attentat auf den Grafen Leopold von Stubenberg zu Graz". In diesem Aufsatze wird Stubenberg's Vater Gisbert genannt, er hieß Franz Georg.] — 29. Leuthold (gest. um das Jahr 1468). Ein Sohn Friedrichs (IV.) [S. 16, Nr. 13] und Elsbeths von Kranichberg, der durch seine Gemalin Agnes von Pettau, verwitwete Johann Meinhard Graf von Tyrol und Görz, zu großen Reichthümern gelangte, denn wir finden Leuthold als Herrn der Schlösser Hollenburg in Kärnten, Radkersburg, Wurmberg, Haus am Bacher (Hausenbach), Glöch, Halbenrein, Schwanberg u. a. in Steiermark, wozu 1447 noch Wildon kam, das ihm der Kaiser leibgedingweise gegeben. Als Leutholds zweite Gemalin wird im Jahre 1433 Ursula, Tochter des Dietegs Truchseß von Emmerberg, genannt, welche er als Witwe hinterließ. Leuthold, der bereits 1436 den Kaiser Friedrich nach Jerusalem begleitet hatte, finden wir 1441 als des Kaisers Rath; er betheiligte sich 1446 an dem Aufgebote gegen die Ungarn, empfing 1433 zu Rom den Ritterschlag, war dann von 1433—1461 Landeshauptmann in Steiermark und zog 1462 dem in Wien bedrängten Kaiser zu Hilfe. In späteren Jahren scheint sich Leuthols Enthusiasmus für die Sache des Kaisers merklich abgekühlt zu haben, denn der Letztere findet es nothwendig, ihn mittels Sendschreibens vom 18. April 1468 vor der Theilnahme an dem „punttnuß... etlicher.... Landleut" zu warnen, und die Aufforderung vom 23. Mai 1469 an Leuthold, sich dem kaiserlichen Feldhauptmanne Jan Holupp zur Bekämpfung des Baumkircher anzuschließen, enthält am Schlusse die Androhung von Gewalt im Falle des Ungehorsams. Da Leutholds Schwester Elsbeth mit einem aus dem Hause der bei Hof verhaßten von Buchheim und Leutholds Sohn Hans mit einer Tochter Baumkircher's verheiratet waren, so wären die allfälligen Sympathien Leutholds für die Gegner des Kaisers immerhin erklärlich. Was aber die Urkunde bedeuten soll, in welcher ddo. Neustadt 5. März 1466 Kaiser Friedrich der Witwe Leuthold von Stubenberg für sich und ihre Kinder das Privilegium ertheilt, vor keinem anderen Richter, als dem Kaiser selbst zu erscheinen, läßt sich nicht gut erklären. Leutholds Kinder sind außer einer Tochter Helene, welche mit einem Vetter, Wolfgang (XI.), vermält war, zwei Söhne, der berühmte Hans, der in Baumkircher's Fehde mit dem Kaiser Friedrich III. verwickelt und dadurch zu großem, der Familie nie wieder ersetzten Schaden gekommen war, und Friedrich (VI.), der treu zum Kaiser hielt und durch seinen Einfluß bei Hofe verhindert haben mag, daß sein Bruder Hans um Alles kam. [Porträt. Unterschrift: „Leutold Herr von Stubenberg, Landeshauptmann in Steyer, Anno 1432". Innerhalb eines Kranzes von Eichenblättern das Doppelwappen Stubenberg-Pettau (J. A. Böner sc.).] — 30. Otto (V.) (gest. um 1456). Ein Sohn Ottos (IV.) und Annas Herrin von Pettau. Er begleitete 1436 den Kaiser Friedrich nach Jerusalem. Von ihm empfing er noch im nämlichen Jahre zugleich mit seinem Bruder Andrä leibgedingweise die Herrschaften Landstron und Reifniß in Krain, doch beide Güter wurden 1447 dem Kaiser wieder zurückgestellt. Nachdem Otto 1440 aus der Pettauer Erbschaft 4000 Pfund Pfennige erhalten hatte, verwendete er diese und noch andere Capitalien zu Vorschüssen an den Grafen Wilhelm von Forchtenstein in Ungarn, wofür ihm die Hälfte der Herrschaft Landsee pfandweise verschrieben wurde, zugleich mit der Anwartschaft des Anfalles der anderen Hälfte, wie auch der Herrschaften Forchtenstein und Kobelsdorf, im Falle der Graf kinderlos stürbe. 1446 erbte er nach seinem Oheim Wülfing die Herrschaft Rureck. Otto soll nicht vermält gewesen sein.

[Beiträge zur Kunde steiermärkischer Geschichte. Bd IV., S. 136. — Porträt Unterschrift: „Otto Herr von Stubenberg. Anno 1430". Kniebild, in Rüstung und Mantel, das Haupt mit einem Lorbeerkranze umwunden Die Unterschrift ist von einem Eichenkranze umschlossen, in welchem das Doppelwappen Stubenberg-Wildon angebracht ist. Folioblatt in J. A. Böner's Manier, ohne Angabe des Zeichners und Stechers. Wir das Wildon'sche Wappen, welches nach dem Aussterben des Hauptstammes der Wildoner, allerdings noch von abgezweigten Stämmen, so den Dürrensteinern nächst Friesach geführt wurde, neben das Stubenberg'sche kommt, dafür gibt es keine festen Anhaltspunkte.] — 31. **Otto (VI.).** Vom Kapfenberger Aste. Ein Sohn des Thomas von St. und der Elsbeth von Kranichberg Im Jahre 1493 wird er als Rath des Kaisers Maximilian genannt und findet sich 1495 unter den Unterzeichnern des Patentes der von den steirischen Ständen zu zahlenden Steuer von 38 000 fl. für die bewilligte Ausweisung der Juden. — 32. **Rudolph (I.)** (gest. 1620). Sohn Johanns (VI.) [S. 20, Nr. 23] und Benignas von Schärffenberg. Er wird 1568 als Kämmerer des Erzherzogs Matthias genannt. Durch dieses Dienstverhältniß wurde er später zum Parteimanne seines Fürsten gegen Kaiser Rudolph In seiner Jugend mochte er in Ungarn gelebt haben, wie wir dies aus einem Bildnisse vermuthen, das ihn in jugendlichem Alter und ungarischem Costum darstellt. Seine erste Frau war die im Jahre 1569 geborene Tochter des Freiherrn Georg Khevenhüller. Elisabeth, welche bald nach ihrer Vermälung starb. Dann ehelichte er die Freiin Katharina aus dem berühmten böhmischen Geschlechte derer von Smirzicz. Diese Verbindung sollte später, als er nach dem Ableben Katharinas im Jahre 1612 in seiner dritten Ehe, mit Justina von Zelking, Vater des Dichters Johann Wilhelm von Stubenberg [S. 21, Nr. 23] geworden war, einen tragischen Untergang herbeiführen Durch Katharina von Smirzicz erwarb Rudolph Herrschaft und Stadt Neustadt an der Mettau nächst Josefstadt, während ihr Bruder außer Jicin noch eine Reihe anderer Güter seinem einzigen Sohne Albert hinterließ Dieser, an dem Prager Fenstersturze betheiligt, fiel am 13. De-

cember 1618 bei der Belagerung von Pilsen, als der Letzte des Mannesstammes. Da von Alberts Schwestern Katharina und Salome, vermälten Albert Slavata Herrn von Koschumberg, die Erstere schon von ihren Eltern aus unbekannten Gründen zu Rumburg bei Jicin zwölf Jahre eingesperrt gehalten worden und noch immer daselbst gefangen saß, so trat die Letztere allein die große Erbschaft an. Johann Baron von Wartenberg aber warf sich zum Ritter der Gefangenen auf, erstieg die Rumburg, befreite Katharina, heiratete sie und nahm dann in ihrem Namen von der Herrschaft Jicin Besitz. Im Processwege verlor Wartenberg, wurde nach Prag gefordert und da auf Befehl des Winterkönigs eingekerkert. Zugleich schickte derselbe Commissäre nach Jicin, um Katharinen die Herrschaft wieder abnehmen zu lassen Unter den Abgeandten nun befand sich auch Katharinas Vetter Rudolph von Stubenberg Während der Inventur im Schlosse sammelte diese eine kleine Schaar Söldner, um die Commissäre zu vertreiben und sich gewaltsam im Besitze des Schlosses zu erhalten. Bei der Vertheilung des Pulvers entzündete sich dasselbe, und es flog am 1. Februar 1620 das Schloß mit Katharina, den Commissären und allen anderen Bewohnern in die Luft Herr von Wartenberg starb darüber zu Prag vor Schreck und Kummer, aber auch Salome Slavata von Koschumberg erfreute sich nicht lange des Besitzes, denn sie mußte sich nach der Schlacht am weißen Berge flüchten und die Confiscation ihrer Güter über sich ergehen lassen. Jicin erhielt Wallenstein, der nachmalige Herzog von Friedland, dessen Mutter Margaretha eine Frau von Smirzicz war, und er erbaute auf der Stätte des alten Schlosses die großartige neue Residenz, in welcher er nach seiner Abziehung auf dem Kurtage zu Regensburg sein fürstliches Hoflager hielt. Rudolph von Stubenberg wurde unter den Trümmern ohne Haupt aufgefunden, nach Neustadt überführt und daselbst neben seiner Gemahlin bestattet. Da er zu den Anhängern des Winterkönigs gezählt hatte, so erfolgte nach der Prager Katastrophe die Confiscation seiner Herrschaft, welche zuerst Graf Trczka, nach dem Querer Blutbade 1634 aber der an diesem betheiligte Oberst Leslie als Lohn erhielt. [Zeiller (Martin), Topographie

von Böhmen. S. 30 und 74, in den Arti-
keln: „Gitschin" und „Schmirsig" — Porträt. Unterschrift: „Rudolph Herr von
Stubenberg auf Kapfenberg, Erbschenk
in Steyer, Keysers Rudolphi II. und
Mathias Kammerherr". Kleines Brustbild
in ungarischer Magnatentracht. J. Franck sc.
Von demselben Kupferstecher ist auch das
Bildniß von Rudolphs zweiter Gemalin,
mit der Unterschrift: „Katharina Herrin
von Stubenberg, geborene Herrin von
Smirsiz", gestochen.] — 33. **Rudolph Wilhelm** (geb. 2. Jänner 1643, gest. 24 Jänner 1677). Vom Kapfenberger Ast. Ein
Sohn Johann Wilhelms [Seite 21,
Nr. 23] und Dorotheens Felicitas
von Eibiswald. Gleich seinem Vater war
er Mitglied der fruchtbringenden Gesellschaft
(seit 1661) und bekam, wie Zedler berichtet, den Namen der „Begütigende", zum
Gemälde „Leindotter" und zum Bei-
worte „Hitzige Hauptweh". Er vermälte
sich in erster Ehe (am 13. Februar 1666) mit
Maria Maximiliane, des nach Ungarn exilirten
Sigismund Erasmus Freiherrn von
Auersperg Tochter, welche aber schon am
4. Mai 1667 im ersten Kindbett starb; in
zweiter Ehe (am 4. Juli 1670) mit einer
Tochter des Rheingrafen Adolph von
Grumbach, Juliana (geb. 1. Februar
1650, gest. 20. März 1721), die ihm einen
Sohn, Adolph Wilhelm, welcher diese
Linie fortpflanzte, und vier Töchter [siehe die
Stammtafel I] gebar. Mit Adolph Wilhelms Kindern erlosch diese Linie. [Por-
träte. 1) Im ungarischen Magnatencostüm,
auf der Brust den Palmenorden, am Sockel
das Stubenberg'sche Wappen. L. Gries-
ler pinxt, J. F. Leonart sculp. Ratis-
bonae (gezhabt). — 2) Im Jagdcostume,
stark antiquisirt, eine Dogge zur Seite,
B. Block pinxt, G. And. Wolfgang sculp
(gezhabt). Beide Bilder ohne Unterschrift.
— 3) Unterschrift: „Rudolph Willhb. Herr
v. Stubenberg auf Kapfenberg, Schallaburg
und Sichtenberg (sic), Erbschenk in Steir".
Mit Allongereperücke, im Harzgewande, in
einem Lorberkranze mit dem Stubenberg'schen Wappen. Böner sculp. —
4) Auch das Bildniß seiner ersten im Alter
von 26 Jahren im Kindbett gestorbenen
Frau ist vorhanden, mit folgender Unterschrift: „Maria Maximiliana, Rud. Willh.
Herrn von Stubenbergs Gemalin, geborne
Herrin von Auersperg". In einem Eichenkranze mit dem Doppelwappen Stuben-
berg-Auersperg.] — 34. **Thoman (Thomas)** (gest. zwischen dem 11. September
1469 und 18 November 1471). Vom Kapfenberger Ast. Sohn des Hans (III.)
und Annas von Pernegg. Einmal wird
er als Vicedom in Leibnitz bezeichnet. 1466
aber als Diener des Kaisers Friedrich
genannt, und in dieser Eigenschaft kämpft er
auch von 1469 ab wider Baumkircher,
von welchem er in der Fürstenfelder Erbschlacht
gefangen genommen und auf dessen Schloß
Schlaning im Eisenburger Comitate abge-
führt wurde. Gelegentlich eines Fluchtver-
suches mittels eines Seiles soll er im Sturz
den Tod gefunden haben. Aus seiner Ehe
mit Elsbeth von Kranksperg hatte er fünf
Söhne und drei Töchter. Von den Ersteren
pflanzte nur Andrä (II.) diese Linie fort,
die aber schon mit seiner Tochter Sabine
Dorothea erlosch. Ueber seine Söhne
Otto (VI.) und Caspar siehe S. 24.
Nr 31 und S. 13, Nr. 3. — 35. **Ulrich (I.)** lebte zwischen 1177 und 1218.
Ein Sohn Ottos (II.). Er änderte sein
Wappen, indem er das aufspringende Thier,
mit dem er, wie nachweisbar, 1188 noch
siegelt, vom Jahre 1215 ab mit einem auf-
gestellten Anker vertauschte, welcher bis zur
Stunde das Wappenbild der Stubenberg
geblieben ist. Ulrich war ein hoch angesehe-
ner Herr, in den meisten Diplomen sowohl
Markgraf Ottokars, als auch der beiden
Nachfolger desselben Herzog Leopolds des
Tugendhaften und des Glorreichen, sowie
in verschiedenen Verhandlungen wird er unter
den vornehmsten Landesedeln als Zeuge
oder auch als Schiedsrichter genannt. Im
Jahre 1216 nahm er das Kreuz und zog mit
Herzog Leopold dem Glorreichen in das
heilige Land, muß aber noch vor Erstürmung
von Damiette den Beschwerden des Feldzuges
erlegen sein, da eine von jenem ddo. 18. Juli
1218 ausgefertigte Urkunde ihn schon als
einen Verstorbenen nennt. Er und sein
Bruder (oder Sohn) Wülfing haben nebst
dem Erzbischofe Adalbert von Salzburg
und dem Dynastengeschlechte der Wildoner
durch ihre Schenkungen dem Malteser-Orden
in Steiermark Eingang verschafft. Ulrich
war auch Schirmvogt der Klöster St. Lambrecht und Göß in Obersteir, letztere Vogtei
wurde er jedoch auf der Synode zu Friesach
abzusetzen genöthigt. — 36. **Ulrich (II.)**
(gest. vor 1291). Sohn Ulrichs (I.) Er

erbte 1230 nach dem Tode seines Oheims (Vaters-Bruders) Wülfing (IV.) von Kapfenberg dessen Besitzungen zu Kapfenberg. Durch seine Verehelichung (1256) mit Elsbeth, Tochter Hermanns II., Schwester Friedrichs II. Grafen zu Ortenburg [siehe Stammtafel III], trat er mit der damals in Kärnthen regierenden Dynastie, dann mit den Grafen von Görz und Tirol in Verwandtschaft und Schwägerschaft. Daraus erklärt es sich auch, daß Ulrich als Zeuge der königlichen Urkunden unmittelbar nach den Grafen genannt wird und ihm nur manchmal die Wildoner vorangehen. — 37. **Wilhelm August** (geb. 4. December 1709, gest. zu Dresden 30. September 1771). Vom Kapfenberger Aste. Der Letzte des Astes der Stubenberg, welcher von Rudolph (I) gestiftet wurde, dessen Sohn Johann Wilhelm in Folge der Religionsverfolgungen, welche die edelsten Männer aus den katerischen Landen trieben, in der Fremde Zuflucht suchte. Wilhelm Augusts Vater war Adolph Wilhelm, welcher an dem kursächsischen Hofe die Stelle eines Kammerherrn bekleidete, die Mutter Magdalena Henriette eine geborene Freiin von Miltitz. Es scheint, als habe der Sohn seine österreichische Stammesangehörigkeit nicht aufgeben wollen, da er, obgleich in sächsischen Diensten, die Anerkennung seines Reichsgrafenstandes einholte, als es galt, die Zweifel zu beseitigen, die wegen seines hohen und alten Adels angeregt wurden. Diese Anerkennung wurde ihm auch von Kaiser Karl VII. mit Diplom ddo. 6 Mai 1742 ertheilt. Er besaß die Güter Strauburg und Rauenhof, war kursächsischer Hof- und Justizrath, später kursächsischer geheimer Rath, Staats- und Cabinets-Minister und wurde für seine Verdienste mit dem weißen Adlerorden ausgezeichnet. Er war unvermählt geblieben. — 38. **Wülfing** (**Wolf**) (II.), auch **Adelfing**, lebte im zwölften Jahrhundert (in der Zeit von 1146—1197). Er ist ein Sohn Wülfings (I.). Im Jahre 1170 befindet er sich in der Umgebung des Kaisers Friedrich I. zu Friesach. Im Jahre 1197 ist er noch am Leben und testirt zu Gunsten seines Neffen (fratruelem suum) Ulrich (I.), Sohnes Ottos (II.) von Stubenberg. — 39. **Wülfing** (III.) lebte zwischen 1166 und 1230. Er ist ein Sohn Ottos (II.). Im Jahre 1170 befand er sich zu Leibnitz in der Umgebung des

Kaisers Friedrich. Nach dem Jahre 1180 wird er meistens nach seiner Burg Kapfenberg benannt, auch unter diesem Namen 1230 zu Seckau zur Erde bestattet, nachdem seine Witwe Gertrud für seine Civilde daselbst dem Stifte mehrere Besitzungen gewidmet hatte. — 40. **Wülfing** (IV.) lebte im dreizehnten Jahrhunderte (1210—1255). Ein Sohn Ulrichs (I.) und Gertrudens, deren Geschlechtsname nicht bekannt ist. Er wird als Theilnehmer an dem 1224 zu Friesach in Kärnthen zur Verlöhnung zwischen dem Markgrafen von Istrien und Bernhard von Kärnthen abgehaltenen glänzenden Turniere genannt, auf welchem er mit dem stattlichen Gefolge von nicht weniger als 34 Vasallenrittern erschien. Ulrich von Liechtenstein feiert in seinem „Frauendienst" in ehrenden Versen (80—83 und 213 bis 215) Wülfings ritterliches Wesen und edelmännische Tugenden. Aber nicht nur im Waffenspiele, auch im Ernste versuchte sich Wülfing, der wohl identisch mit Friedrich Wülfing (Muchar, Bd. II, S 120) ist, welcher den Herzog Leopold auf dessen Zuge nach Spanien (1212) begleitete, dann 1228 den Kreuzzug Kaiser Friedrichs II. von Hohenstaufen mitmachte, sich nach glücklicher Rückkehr mit seiner Gemalin Gertrud 1230 an der Gründung des Dominicanerklosters zu Pettau betheiligend. Kumar und Hormayr in den unten benannten Schriften lassen Wülfing auch an der Reichsexecution Kaiser Friedrichs II. gegen Herzog Friedrich den Streitbaren theilnehmen, was andere Forscher bestreiten. Im Jahre 1244 nahm er den durch räuberisches Wesen berüchtigten Harnit von Ort gefangen und verwickelte sich unmittelbar nach dem Tode des Herzogs Friedrich (1241) in eine Fehde mit dem Salzburger Erzbischofe Eberhard II., der von ihm die Herausgabe mehrerer Stiftsgüter verlangt hatte. Es wird berichtet, er sei im Verlaufe des Haders in Gefangenschaft gerathen, habe am 3. März 1247 in Gegenwart seines Herrn, des Herzogs von Kärnthen, versprochen, die unrechtmäßig an sich gebrachten salzburgischen Schlösser herauszugeben, und geschworen, redlos sein zu wollen, wenn er die Gefangenschaft an dem Erzbischofe irgendwie rächen werde. Dies unter der Zeugenschaft des Bischofs von Lavant und mehrerer vornehmer Priester und Laien, so auch der Ulriche von Wildon und

Liechtenstein, ausgestellte Urkunde ist mit einem Siegel behangen, welches Wülfing als einen Zeit- und Kampfgenossen des Sängers von Liechtenstein legitimirt. Das Siegel ist eine Nachahmung desjenigen, welches dieser Dichter führte, es hat im Felde eine fünfblättrige Rose, und die herzförmig dargestellten Blätter sind mit dem Stubenberg'schen Anker belegt. Dieser ganzen, doch immerhin bedeutenden Angelegenheit gedenkt Zauner in seiner „Chronik von Salzburg" (Bd. I, S. 201—263) im Abschnitte über Eberhard II. mit keiner Sylbe, und dieser Bischof hatte überdies schon vor dem oben erwähnten Versprechen — am 2. December 1246 — das Zeitliche gesegnet. Zum letzten Male zog Wülfing gegen Philipp Herzog von Kärnthen, den kriegerischen Erzbischof von Salzburg, der während seiner neunjährigen Herrschaft mit Steiermark, den Grafen von Görz und dem Grafen Albert von Tirol Jehde führte und mit seinem kriegerischen Sinne endlich so widerwärtig ward, daß es im Jahre 1256 zu seiner förmlichen Ablösung kommt. [Kumar (J. A.), Geschichte der Burg und Familie Herberstein. In drei Theilen (Wien 1817, Gerold, 8.) Theil I, S. 29. — Hormayr (Jos. Freiherr von), Beiträge zur Lösung der Preisfrage des Durchl. Erzherzogs Johann über Innerösterreichs Geographie und Geschichte im Mittelalter u. s. w. (Wien 1819, Strauß) Bd. I, S. 158 und 159] — 41. Wülfing (V.) lebte zwischen 1240 und 1278. Ein Sohn Wülfings (IV.), urkundlich sichergestellt ist, daß er in der Zeit, als die Herrschaft über die Steiermark vom Könige Stephan von Ungarn an den Böhmenkönig Ottokar überging (1259 und 1260), judex provincialis (Landrichter) daselbst war. Hinsichtlich dieses Dynastenwechsels sind nun Anzeichen vorhanden, welche eine Parteigängerschaft Wülfings für Ottokar vermuthen lassen. Schon am 24. März 1233 erscheint Ersterer zu Stadt Steyer in der Umgebung des Böhmenkönigs, ebenso auf dem Gerichtstage, welchen dieser 1262 zu Graß hielt. Von Dauer war aber Wülfings Einvernehmen mit dem neuen Gebieter nicht. Die Härte und Willkür, nach Andern — und dies dürfte das Richtige sein — die Entschiedenheit, mit welcher Ottokar die Herrschgelüste seiner Vasallen in Schranken wies, dafür dem Rechte der Niedrigeren eine sichere Heimstätte im Lande

zu bereiten sich anschicken), machten ihm die Gemüther des österreichischen und steirischen hohen Adels abwendig, und diese Abneigung fand endlich in einer von Friedrich von Pettau dem Könige verrathenen Verschwörung der Grafen Bernhard und Ulrich von Pfannberg, Hartnid von Wildon, Wülfing von Stubenberg und des Sängers Ulrich von Liechtenstein. Ausdruck 1268 von dem Könige nach Breslau zur Verantwortung geladen, erklärten sie, böswillig verleumdet worden zu sein, und wollten Pettau zum Zweikampfe fordern. Dies gestattete Ottokar nicht, sondern ließ alle in strenge Haft nehmen. Wülfing, welcher mit Ulrich von Liechtenstein auf die Burg Klingenberg kam, konnte nur durch das Aufgeben seiner Schlösser Kapfenberg, Katsch, Wülfingstein und Stubenberg, die sämmtlich geschleift wurden, seine Freiheit wieder erhalten. Nach seiner Haft verwüstete er die Güter des königlich gesinnten Klosters St. Lambrecht. Diese Feindseligkeit mag wohl in der Parteinahme desselben wider ihn gewurzelt haben. Seine Haft auf Klingenberg, die Schleifung seiner Burgen und der Ersatz, den er dem Kloster St. Lambrecht 1272 leisten mußte, alle diese Umstände erklären übrigens genügend die Stellung, die er nun gegen König Ottokar einnahm. Auf der am 19. September 1276 gehaltenen Versammlung des steirischen Adels gelobte er mit den Ständen treues Zusammenstehen im Dienste des neuen deutschen Königs Rudolph von Habsburg. Sofort schritt man dazu, die Böhmen aus dem Lande zu drängen. Das vereinte Zusammenwirken mit den Oesterreichern und dem Reichsheere führte bald zum Erfolge, und schon am 21. November 1276 leistete Ottokar auf die Reichsländer Verzicht, welche nun König Rudolph von Habsburg in Verwaltung nahm. In dessen Hofe ist der alte Wülfing nicht mehr zu finden, wohl aber seine Vettern; von ihm haben wir nur noch darüber Kunde, daß er am 22. Februar 1278 in Kapfenberg zu Gerichte saß und einen Streit um die Salzquelle im Haulthale bei Mariazell zu Gunsten des Klosters St. Lambrecht schlichtete. Seine 1262 und 1272 genannte Gemalin gebar ihm zwei Söhne, Friedrich (I.) und Wülfing (VI.), mit denen jedoch sein Leben erlöschen zu sein scheint, da es nicht festgestellt ist, ob Hans wirklich ein Sohn Friedrichs (I.) [Mittheilungen des historischen Vereins für Steiermark, Heft XXVII (1874). S. 41 u. f.: „Die Herrschaft König Ottokars II. von Böhmen in Steiermark 1232—1276". Von Professor Dr. F. Krones. — Muchar (Alb. von), Geschichte der Steiermark. Bd. V, S. 321 bis 323. — Reimchronik Ottokars, Cap. 36.] — 42. **Wülfing** (VII.) (gest. zu Bamberg 19. März 1319). Ein Sohn Ulrichs (II.) und Elsbeths von Ortenburg. Er trat 1277 in den Dominicanerorden, war später Stadtpfarrer zu Bruck an der Mur und wurde 1304 Bischof von Bamberg, welche Kirchenwürde er bis zu seinem Ableben bekleidete. Da er angesehene Verwandte hatte — seine Mutter war eine Ortenburg — und die Bischöfe von Bamberg Güter zu Villach und im Lavantthale besaßen, wo auch die Ortenburg begütert waren, erklärt sich leicht seine Erhebung zum Bischof von Bamberg. Als solcher erbaute er das Dominicanerkloster zu Bamberg, 1314 auch jenes zu Neukirchen. Er soll ein gelehrter Mann gewesen sein und dem Kaiser als Gesandter am päpstlichen Hofe, dann bei Aufhebung des Tempelordens wichtige Dienste geleistet haben. Begraben liegt er auf seinen Wunsch in dem von ihm gegründeten, jetzt zu einer Caserne umgewandelten Dominicanerkloster. [Spangenberg, Henneberg'iche Chronik, 1599, Bd. I, S. 319. Bd. II, S. 115. — Porträt. Es ist ein Bildnis vorhanden mit der Unterschrift: „Wülffing Haro a Stubenberg". Es stellt einen Dominicanermönch, ohne Zweifel unseren Bamberger Bischof vor, der ja ursprünglich Dominicaner war.] — 43. **Wülfing** (IX.) (gest. im Jahre 1443). Ein Sohn Friedrichs (III.), aus welcher von dessen drei Ehen ist nicht sicherzustellen. Er erhält bei der Erbtheilung im Jahre 1419 Mureck, welches er mit Unter-Kapfenberg bei seinem Tode noch besaß. 1418 soll er mit Herzog Ernst dem Eisernen in der neueren Zeit bezweifelten Schlacht bei Rackersburg gekämpft haben. Die letzten Merkmale seines Daseins sind Schenkungen an das Kloster Rein, durch welche er sich eine Begräbnißstätte daselbst sicherte. — 44. **Wülfing** (X.) (gest. um 1397.) Ein Sohn Ulrichs (IV.). Er war neben dem „gewaltigen Hofmeister" Johann von Liechtenstein als Zeuge bei dem Friedensschlusse von Schärding ddo. 29. September 1369 zugegen, wobei Herzog Albrecht von Oesterreich den Herzogen in Bayern für die Abtre-

tung aller ihrer Ansprüche auf die Grafschaft Tirol einige Entschädigungen zusicherte. Auch nahm er mit seinen Brüdern 1377 Theil an dem Zuge Herzog Albrechts III. nach Preußen. Schließlich ist er im October 1386 Bevollmächtigter des Herzogs Albrecht bei den Friedensverhandlungen mit Herzog Johann Galeazzo Visconti von Mailand zu Bozen in Tirol. Er wohnte auf der Veste Kalsch und erwarb sich durch Kauf 1392 die Veste Steyersberg von seinem Bruder Friedrich. Er hinterließ von seiner Gattin, deren Geschlecht nicht bekannt, nur zwei Töchter: Ursula und Barbara, welche beide heirateten. — 43. **Wülfing** (XI.) (gest. 1511). Ein Sohn Hansens (III.) und Annas von Verneck. 1463 wird er als Besitzer von Unter-Kapfenberg und Mureck genannt. Er muß unter den Ständen ein hohes Ansehen behauptet haben, denn der Kaiser Maximilian leistete am Martinstage des Jahres 1493 das Angelöbniß als Landesfürst vor dem Bischofe Matbias von Seckau, Wolf von Stubenberg und Ruprecht Windischgrätzer. Nach dem Tode Reinprechts von Reichenburg wurde er 1506 zum Landeshauptmanne von Steiermark bestellt, und in dieser Eigenschaft erhielt er vom Kaiser ddo. 21. April 1506 die Aufforderung, sich am 13. August mit anderen seiner Landesleute zur Besprechung staatlicher Bedürfnisse in Graz einzufinden. Ueber die Denkungsart und die Lebenserfahrungen dieses Wolfgang, zugleich auch über die damaligen allgemeinen Zustände, ist ein interessantes Denkmal in Gestalt eines Testamentes auf uns gekommen. Wülfing warnt darin seine Söhne vor Verirrungen nach Art der Baumkircher-Bündnisse, die seinem Hause kein Glück gebracht; vor dem Vertrauen gegenüber Verwandten, die nur kommen, wenn es ihr Interesse erheischt, und vor anderen Landleuten, die ihm „allweg seind gewesen und betten mich allweg vmb mein guet bracht". Er warnt sie vor Ausschreitungen mit Weibern und mahnt sie zur Bedutsamkeit bei der Wahl einer Gattin, hiemit auf eigene böse Erfahrungen an seiner ersten Gattin, einer Cymburg von Stadnitz, anspielend. Er empfiehlt ihnen die Sorge für Verwandte, für arme fromme Leute und vor allem „buets enter Brief vnd sigl, laßis niembt darüber, es trau ich dann so wohl als enk selber". [Mittheilungen des historischen Vereins für Steiermark, Heft

XXIII (1875) S. 3—60: „Studien zur Geschichte des steirischen Adels im 16. Jahrhunderte". Von Luschin-Ebengreuth] — 46. **Wolfgang** (XII.) (gest. im Jahre 1566). Vom Kapfenberger Aste. Ein Sohn Wolfgangs (XI.) aus dessen zweiter Ehe mit Helene von Stubenberg. Zur Zeit des Regierungswechsels nach dem Tode Kaiser Maximilians I., 1519. ständischer Verordneter. in den Jahren 1533 und 1538 Commissär in Bergwerkssachen in Obersteier, bis er 1540 der durch die kriegerischen Verhältnisse in Geldnöthen gerathenen Landschaft durch ein Darlehen und erscheint 1543 in eigener Person im Felde, mit 35 Pferden, dem größten Contingente, welches ein einzelner Edelherr zu stellen vermochte. Mit seiner 1527 ihm angetrauten Gemalin Sophie, Tochter Hansens von Teuffenbach zu Teuffenbach, pflanzte er den Stamm fort. — 47. **Wolfgang** (XIII.). Vom Kapfenberger Aste. Sohn Wolfgangs (XII.). Er lebte in der zweiten Hälfte des 16. Jahrhunderts (1564—1596) am Hofe des Erzherzogs Karl, Regenten der Steiermark, von welchem er am 1. October 1564 zum obersten Jägermeister, später auch zum geheimen Rathe und obersten Kämmerer ernannt wurde. Er hatte zur Gemalin Susanna Vögl aus dem reichen, im Pölsthale zu Reifenstein gesessenen Gewerkengeschlechte. Nach dem am 21. Jänner 1580 erfolgten Tode Susannas vermälte er sich mit Anna von Traulmansdorff. Er hat sein Andenken auch durch eine schöne Gedenkmünze aus dem Jahre 1593 erhalten, welche von Professor Schreiner in dessen topographischem Werke über Graz (S. 444) als das seltenste Stück in der Münzensammlung des Joanneums bezeichnet wird. Diese in Gold geprägte Denkmünze ist oval. 17''' hoch, 15''' breit, hat im Averse das Brustbild eines bejahrten Mannes mit Schnurr-, kurzgeschorenem Vollbart und Hauptbaar, im Harnisch, um den Hals einen Faltenkragen. Die Unterschrift: „WO: H: V: S: OB: E: I: S: F: D: G: R: V: OB: CAM:" lautet aufgelöst: „Wolf Herr von Stubenberg, Oberst-Erbschenk in Steyer, fürstl. Durchlaucht Geheimer Rath und oberster Camerer"; im Reverse ist der aufgestellte Stubenberg'sche Anker mit dem durch den Ring geflochtenen Haarzopf zu sehen; die Umschrift lautet: „MEA ANCHORA CHRISTVS MDXCIII". — 48. **Wolfgang** (XVI.) (geb. 22. Juli 1600 gest. 1668) Vom älteren Zweige des Kapfenberger Astes. Sohn Georg Hartmanns von St. und Dorotheas Freiin von Thannhausen. Er war 1630—1633 steirischer Ständeverordneter und erlangte später die Würde eines kaiserlichen geheimen Rathes. Unter ihm wurde 1656 die über 200 Jahre im Besitze der Familie erhaltene Herrschaft Frauenburg bei Unzmarkt verkauft, dagegen die mit seiner ersten Gemalin Anna Crescentia Freiin von Scheitt erworbene Herrschaft Schwirzenberg in Untersteier dem Stubenberg'schen Fideicommisse einverleibt. Anna Crescentia gebar ihm siebenzehn Kinder, und zwar neun Söhne und acht Töchter. Von diesen siebenzehn Kindern starben nicht weniger denn sieben in einem Jahre 1631. Von den Söhnen pflanzten vier: Wolfgang (XVII.), Otto (VII.), Sigismund (I.) und Franz Georg das Geschlecht fort. Die Nachkommenschaft Ottos und Sigismunds erlosch aber schon in deren Kindern; jene Wolfgangs (XVII.) und Franz Georgs jedoch blüht bis zur Stunde, letztere wohl nur noch weiblicher Seits. Wolfgangs zweite Ehe mit Maria Isabella Freiin von Cronegk scheint kinderlos geblieben zu sein. — 49. **Wolfgang** (XVII.) (geb. im Jahre 1629, gest. zu Kapfenberg 5. März 1676). Sohn Wolfgangs (XVI.) aus dessen erster Ehe mit Anna Crescentia Freiin von Scheitt. Er ist, wie eben erwähnt, der Stifter des noch blühenden älteren Zweiges des Kapfenberger Astes zu Stubegg und Gutenberg. 1653 erwarb er sich das ungarische Indigenat und versah das Amt eines innerösterreichischen Regierungsrathes. Aus seiner Ehe mit Maria Maximiliana Freiin von Pachheim hatte er dreizehn Kinder, von denen zehn jung starben, zwei den Stamm fortpflanzten: Karl, dessen Zweig mit seiner Tochter Gabriele erlosch, und Rudolph, dessen Gemalin Gisberta, eine geborene Strattmann, jener Familie angehörte, über deren Alter ihres Mannes Vetter Leopold [S. 22, Nr. 28] mit dem Grafen Saurau in einen Wortstreit gerieth, welcher sein vorschnelles Ende herbeiführte. — 50. **Wolfgang** (XIX.) (geb. 8 Jänner 1788, gest. in Wien 1. November 1865). Ein Sohn Wolfgangs (XVIII.) aus dessen dritter Ehe mit Johanna Gräfin Lanthieri. Er diente in der kaiserlichen Armee, aus welcher er als Hauptmann schied. Er machte in den französischen Kriegen mehrere Feldzüge mit, bei Aspern Wagram und Leipzig kämpfend. Als Graf Wickenburg, Gouverneur der Steiermark, im Jahre 1848 die steirischen Freiwilligen zur Vertheidigung des von Italien bedrohten Kaiserstaates aufrief, wurde Graf Wolfgang mit der Organisirung derselben betraut. In Würdigung seiner Kriegsdienste erhielt er den Orden der eisernen Krone Im Jahre 1833 hatte er sich mit Angelica Gräfin Trauttmansdorff, Sternkreuz-Ordensdame, vermält, welche ihm nach nahezu dreißigjähriger Ehe im Tode voranging [S. 12, Nr. 1]. Als der Graf 1868, im Alter von siebzig Jahren, in Wien starb, wurde mit ihm der Letzte vom Mannesstamme der Kapfenberger Linie begraben. Von dieser sind nur noch die zwei Töchter des Grafen Pius vorhanden, die ältere, Mathilde blieb unvermält und ist Stiftsdame, die jüngere, Johanna ist (seit 26. Juli 1849) dem k. k. Oberst Julius Grafen Hodik-Wolframis angetraut. — 51 „Pesti Naplo" und diesem nach andere Blätter, so die bei Hallberger in Stuttgart erscheinende „Illu-

strirte Welt" (im Umschlage des 19. Heftes 1879), erzählen eine Schauergeschichte, in welcher eine Witwe Gräfin Camilla Stubenberg, geborene Jolan-Bersevicza, in Kötvelpes die Hauptrolle spielt. Es ist ein Vorfall, wie er nur in Schauerromanen geschildert zu werden pflegt. Die Mittheilung dieses Vorfalles, der, wenn er wahr wäre, solche verdiente, unterbleibt, weil sich das Ganze als eine Zeitungslüge herausgestellt hat. Der Herausgeber dieses Lexikons hielt nämlich Nachfrage bei der Familie, welcher die Existenz einer Witwe Camilla Gräfin Stubenberg, geborenen Jolan-Bersevicza, in Kötvelpes gänzlich unbekannt ist. Auch führt Nagy Jvan in seinem ungarischen Adelslexikon „Magyarország családai czimerekkel és nemzékrendi táblákkal" die Familie Stubenberg als Magnatenfamilie Ungarns auf, ohne nur mit einer Sylbe einer Camilla Gräfin Stubenberg, geborenen Jolan-Bersevicza zu erwähnen, wie denn auch eine Dame dieses Tauf- und Familiennamens durchaus in keiner genealogischen Darstellung dieser Familie vorkommt.

Besonders denkwürdige Sprossen des Hauses Stubenberg seit 1750.

Anna Herrin und Gräfin von Stubenberg, vermälte Gräfin von Buttlar, Freifrau zu Brandenfels,

Tondichterin
(geb. zu Graz 9. August 1921).

Der Vater, Gustav Adolph (gest. 16. Dec. 1833), diente im Cürassier-Regimente Kaiser Franz, welches er als Oberlieutenant verließ, um die Verwaltung der Familiengüter zu übernehmen. Ihre Mutter Franziska Maria (geb. 15. Mai 1792, gest. 2. August 1876) entstammt der freiherrlichen Familie der Staubach, über die Wurzbach's „Lexikon" [Bd. XXXVII, S. 248 u. f.] ausführ-

lichere Nachricht gibt. Gräfin Anna verlebte den größten Theil ihrer Jugendzeit in Pesth, wo sie in einem Privatinstitute, in welchem Töchter ungarischer Magnaten ihre Erziehung zu erhalten pflegten, auf das sorgfältigste ausgebildet wurde. Von Haus aus mit nicht gewöhnlichen Geistesgaben ausgestattet, lernte sie leicht und vermöge ihres sehr lebhaften Temperamentes pflegte sie auch die sogenannten „noblen Paſſionen", als Tanzen, Turnen, Reiten, und erlangte darin ſchon in ihrer Mädchenzeit große Fertigkeit. Der Aufenthalt in Ungarn begünſtigte übrigens dieſe Richtung, aber die Gräfin betrieb auch mit Eifer das Stubium ber Sprachen und intereſſirte ſich für Alles, was ins Gebiet der Kunſt gehört. Daneben zeigte ſie eine ganz ungewöhnliche Naturanlage für Muſik, worin ſie bereits als Kind Nennenswerthes leiſtete. Wohl wurde ſie von einem tüchtigen Muſiklehrer ausgebildet, doch das angeborene Talent überwog bald jeden Unterricht. Die ſchwierigſten Compoſitionen ſpielte ſie ſofort auswendig, und dazu geſellte ſich ein Improviſationstalent ungewöhnlichſter Art. Aber ohne künſtleriſche Entwicklung ließ ſie es frei walten, und ſo entſtanden allmälig jene Tonſchöpfungen, welche bald ihren Namen in muſikaliſchen Kreiſen bekannt machten. Aus dieſen Werken ſpricht eine ſeltene muſikaliſche Begabung, eine ungemein ſchwungvolle Phantaſie und großer Melodienreichthum. Die Kritik hat auch alle dieſe Vorzüge anerkannt und mehrere dieſer Compoſitionen, wie Opus 8, 19, 21, 26, 27, 31 und 44, deren geiſtvoller charakteriſtiſcher Haltung und ſchwungvoller Ausführung wegen in ganz beſonderer Weiſe hervorgehoben. Jene namentlich, in welchen nationale Anklänge vorherrſchen, wie die Polkas, Mazurs und Cſárdás, mahnen in ihrer Haltung an die originellen Tonſtücke, welche man in den Productionen ungariſcher Zigeunerbanden zu hören bekommt. Es herrſcht in ihnen eine Glut der Empfindung, verbunden mit einer elegiſchen Wehmuth, welche den Zuhörer ebenſo hinreißen, als wehmüthig ſtimmen. Ob es nun bei der Productivität der Gräfin zu bedauern iſt, daß ſie ihr ſchönes Talent nicht weiter ausgebildet, ſondern es eben

nur als herrliche Naturanlage frei hat walten laſſen, muß den Contrapunctiſten und geſchulten Muſikern zu entſcheiden überlaſſen bleiben. Im 19. Jahre (am 15. Februar 1840) heiratete ſie einen ungariſchen Edelmann, Johann Remekházy von Gurahoncz. Dieſe Ehe währte nur drei Jahre und wenige Monate, denn Remekházy ſtarb am 25. Auguſt 1843. Am 22. Februar 1848 vermälte ſie ſich mit Friedrich Grafen Zichy von Zich und Váſonykeö, k. k. Oberlieutenant im 3. Uhlanen-Regimente Erzherzog Karl. Aber Graf Zichy wurde im italieniſchen Feldzuge desſelben Jahres am 20. Mai bei der Erſtürmung von Vicenza tödtlich verwundet und erlag ſeinen Wunden am 28. Mai. Am 28. September 1872 vermälte ſich die Gräfin nochmals, und zwar mit dem k. k. Kämmerer und Hauptmann a. D. Otto Grafen Buttlar Freiherrn zu Brandenfels. Gräfin Anna iſt Sternkreuz-Ordensdame. Die Prüfungen, welche ihrem Gemüthsleben in früher Jugend durch den Tod zweier ihrer Gatten auferlegt wurden, ſtählten ihren Charakter. Diesfalls erinnert die Gräfin mehrfach an ihre Mutter und an eine Eigenart ihrer Stammfamilie. Es iſt dies die an ihr wahrnehmbare unbeugſame Willenskraft, jener energiſche Zug, der bei den Stubenberg in vergangenen Jahrhunderten oft zu Tage trat und ihnen auch zu mancher Schramme verhalf. Mit der Kraft vereinigt ſich gern die Güte. Aus einem an ſie gerichteten Gelegenheitsgedichte erfahren wir denn auch von ihrem im Stillen wirkenden Wohlthätigkeitsſinne, und wie ſie ſchon, eine unermüdliche Wohlthäterin und Förderin humanitärer Zwecke, viele Herzen aufgerichtet, manche Noth gelindert und viele Thränen der Armut getrocknet hat. Von ihren Wer-

len führen wir bie burch ben Stich be-
fannt gewordenen ber Reihe nach an.

**Compositionen Annas gebornen Gräfin Stu-
benberg, vermälten Gräfin Buttler. [Sämmt-
lich für das Pianoforte.]** „Sehnsucht".
Lied für eine Singstimme mit Begleitung
des Pianoforte. Op. 1. — „Vier Majurs".
Op. 2. — „Tratsch-Polka". Op. 3. —
„Uhlanen-Dragoner-Marsch". Op. 4.
— „Elegant-Walzer". Op. 5. — „Ma-
jurla". Op. 6. — „Quadrille". Op. 7.
— „Tarantella". Op. 8. — „Lucifer-
Polka". Op. 9. — „Wallmoden-Uhla-
nen-Marsch". Op. 10. — „Balet-
Polka". Op. 11. — „Antonia-Qua-
drille". Op. 12. — „An Friedrich
(Zichy)". Trauermarsch. Op. 13. — „Schif-
fers Lebewohl". Barcarolle. Op. 14. —
„Souvenir-Polka Mazurka" Op. 15
— „Gedenke mein". Polka. Op. 16. —
„Mes adieux à la Polka". Caprice.
Op. 17. — „Schwarze-Augen-Polka".
Op. 18. — „Eisblumen" (Lied ohne
Worte) Op. 19. — „Nachhall an Grafen
Niclas Zichy". Trauermarsch. Op. 20 —
„Héderváry Emlék". Csárdás. Op. 21.
— „Die Ungarin". Polka Majur Op. 22.
— „Erinnerung an Dobberan" (Lied
ohne Worte). Op. 23. — „Amoretten-
Polka". Op. 24. — „Lozal Busdal".
Chanson mélancolique. Op. 25. — „In
trüben Stunden" (Lied ohne Worte).
Op. 26. — „Anna-Quadrille". Op. 27

— „Herminen-Quadrille". Op. 29. —
„Valse de Salon". Op. 29. — „Ver-
gißmeinnicht". Polka tremblante. Op. 30.
— „Trauermarsch" An Grafen Gyula
Dietav. Op. 31. — „Amalia-Qua-
drille". Op. 32. — „Wörtbersee-
Berlen". Walzer. Op. 33. — „Gabriele".
Polka Majur Op. 34. — „Livin-Polka".
Op. 35. — „Immortelle". Polka Majur.
Op. 36. — „Traumlied". Polka Majur.
Op. 37. — „Am Isonzo". Polka Majur.
Op. 38 — „Mein Eltern" (Lied ohne
Worte). Georg Herzog von Meiningen
bedichtet. Op. 39. — „Aus der Ferne".
Polka Majur. Op. 40 — „Tarantella".
Op. 41 — „Majurla". Op. 42. — „Aus
des Herzens Tiefe" (Lied ohne Worte).
Op. 43. — „Heimathsklänge". Sechs
Ländler. Op. 44. — „Buttlar-Marsch".
Nr. 1 und 2. Op. 45. — „Emma". Polka
Majur. Op. 46. — „Auf Wiedersehen".
Trauermarsch. Op. 47. — „An der Elbe".
Polka Majur. Op. 48.

Wiener Theater-Zeitung, 1852, Nr. 36
und 700; 1853, Nr. 21; 1855, Nr. 6 und
49; 1857, Nr. 8, 37 und 133; 1859, Nr. 3,
33 und 50; 1860, Nr. 38 und 50. — Wiener Zwischenact, 1859, Nr. 183 und 286;
1860, Nr. 333; 1861, Nr. 342; 1862, Nr. 99.
— Neue Berliner Musik-Zeitung,
1857, Nr. 8; 1863, Nr. 31. — Hambur-
ger Theater-Chronik, 1857, Nr. 37;
1859, Nr. 67; 1860, Nr. 1; 1863, Nr. 26.

•   •   •

Joseph, Herr und Graf von Stubenberg,

Fürst-Erzbischof von Bamberg, Fürst-Bischof zu Eichstädt

(geb. zu Graz 4. November 1740, gest. zu Eichstädt 29. Jänner 1824).

Graf Joseph, Sohn des General-
Einnehmers und Kriegszahlmeisters der
steirischen Landschaft, Grafen Leopold
aus dessen erster Ehe mit Anna Barbara Gräfin Straßoldo, stu-
dirte zu Graz, Salzburg und zuletzt
in Rom, wo er die philosophische Doc-
torwürde erlangte und zum Priester ge-
weiht wurde. Das erste Meßopfer hielt
er in der von seinen Ahnen erbauten
Kirche zu Guttenberg am 11. Juni 1764.
Durch Vermittlung seines Oheims, des
Eichstädter Bischofs Raimund Anton Grafen von Straßoldo [Wurzbach's
„Lexikon", Bd. XXXIX, S. 205] gelangte
er bald zu einer Dompräbende zu Regensburg, woselbst er auch Propst des Stiftes
St. Johann wurde. Später kam er an
das Domcapitel zu Eichstädt, welches ihn
am 21. September 1790 zum regieren-

den Reichsfürsten und Bischof wählte. Nach seiner Consecration am 13. November 1791 blieb er in dieser Würde bis zu dem am 9. Februar 1801 geschlossenen Frieden von Luneville, durch welchen die Säcularisation der geistlichen Territorien erfolgte und das Gebiet von Eichstädt zum Theil an Kurbayern, zum Theil an das für den bisherigen Großherzog von Toscana neugeschaffene Kurfürstenthum Salzburg kam. Im Preßburger Frieden fiel dann Eichstädt dauernd dem neuen Königreiche Bayern zu. Vom August 1802 an war Fürstbischof Joseph nur auf das geistliche Hirtenamt beschränkt. Als Entschädigung für die verlorene Regentengewalt erhielt er für seine Person eine Jahrespension von 48,000 fl. und blieb zugleich im lebenslänglichen Genusse der bischöflichen Winter- und Sommer-Residenz, sowie der Lustschlösser von Pfinz, Grebing und Hirschberg. Während seiner fürstlichen Regierung mußte er zweimal, 1796 und 1800, seine Residenz bei dem Anrücken der Franzosen verlassen, welche dem Lande durch fast unerschwingliche Contributionen großen Schaden zufügten. Diesen nach Kräften zu mildern, war er stets in freigebigster Weise bereit. Im Jahre 1796 standen die Franzosen nur vier Tage, vom 12. bis 16. September in Eichstädt, benutzten aber diese Zeit dazu, sich vollauf mit Proviant zu versehen und ihre Kriegscasse mit 67,000 fl. zu bereichern. Um diese Kriegsschäden wieder auszugleichen, gab Bischof Joseph sein eigenes Tafelsilber in die Münze. Die daraus geprägten Thaler künden auf dem Revers ihren Ursprung; auf der Aversseite zeigen sie das Bildniß des Bischofs, dessen Ausdruck so bezaubernd war, daß im Jahre 1800

der französische General Dominik Joba, zubenannt „General Schieheln", sich mittels eines artigen Schreibens an die Eichstädter Statthalterschaft 100 solcher Thaler erbat, „weil sie seine Frau, welche in den Gesichtszügen des Fürstbischofs solch' eine unendliche Güte und Liebenswürdigkeit entdeckt habe, als Spielmarken wünsche". Und in der That, alle Regierungshandlungen Josephs kennzeichnen den hochherzigen, wohlwollenden Herrn, der sich nicht nur bei der Säcularisirung resignirt in den gebieterischen Drang der Umstände zu fügen wußte, sondern auch ungeachtet aller Demüthigungen sein geistliches Amt ununterbrochen fortführte. Als im Jahre 1795 durch den Krieg und schlechte Ernte Theuerung entstand, öffnete er seine Speicher, und seinem Beispiele folgte das Domcapitel, so daß man am Rathhause zu billigen Preisen Brod und Mehl vertheilen konnte. Im Kriege 1796 hatten die Oesterreicher in Eichstädt ihr Hauptfeldspital errichtet; bei der Auflösung desselben im Jahre 1797 übernahm der Bischof 36 untransportable Kranke in eigene Verpflegung. Sein letzter Regierungsact bestand gleichfalls in einer Handlung der Wohlthätigkeit: im Jahre 1802 herrschte Theuerung im Lande, da öffnete er seinen Unterthanen seine Getreidemagazine, gab 5000 Metzen Korn um den Preis von 30 fl. per Scheffel ab, während der allgemeine Kaufpreis 63 fl. betrug, und ließ an die Armen das Brod unentgeltlich vertheilen. Man vergaß dies dem edlen Fürsten nicht, es zeigte sich dies bei der allgemeinen Theilnahme an seiner Erkrankung 1804, dann an seinem 50jährigen Priesterjubiläum am 29. Mai 1814, sowie bei allen seinen ferneren Lebensschicksalen

In Folge des durch die päpstliche Bulle vom 1. April 1818 abgeschlossenen Concordats wurde Graf J o s e p h S t u b e n b e r g zum Erzbischof von Bamberg und Bischof von Eichstädt, und zugleich zum Reichsrath des Königreichs Bayern ernannt. Am 15. November 1821 empfing er in feierlicher Weise zu München vom päpstlichen Nuntius Franz von C a s s a n o das Pallium. Sein hohes Alter gestattete ihm nicht mehr, seine neue Diöcese zu bereisen. Als er, 83 Jahre alt, am 24. Jänner 1824 entschlief, „sah", wie sein Biograph schreibt, „Eichstädt seinen unermüdlichsten Ernährer und Unterstützer in die Gruft sinken". Noch heute lebt er im Volksmunde unter der traulichen Bezeichnung „Unser Fürsten-Herrle". Sein Testament bot einen neuen Beweis seines guten Herzens und unergründlichen Wohlthätigkeitssinnes. Nachdem sein Bruder, der Weihbischof Graf F e l i x Stubenberg die Universal-Erbschaft abgelehnt hatte, erhielten je ein Drittel seines Vermögens die Domkirche von Eichstädt, mehrere speciell benannte Verwandte und seine aus 21 Personen bestehende Dienerschaft, welch letzteren aber außerdem noch 16.000 fl. an Legaten zugedacht worden. Dem Armeninstitute von Eichstädt bestimmte er 24.000 fl. oder, wenn er sein Schloß und Oekonomiegut Pfinz bei seinen Lebzeiten nicht verkaufen sollte, diese damals auf 40.000 fl. bewerthete Besitzung unter der Bedingung der Unveräußerlichkeit.

S a r (Julius). Geschichte des Hochstiftes und der Stadt Eichstädt (Nürnberg 1837, gr. 8°.) S. 366. — Oesterreichische National-Encyklopädie von Gräffer und Czikann (Wien 1833, 8°.) Band V, S. 228. — S t e i e r m ä r k i s c h e Z e i t s c h r i f t. Redigirt von Dr. G. F. S c h r e i n e r, Dr. Albert von M u c h a r, C. G. Ritter von L e i t n e r, A. S c h r ö t t e r (Graz, 8°.) Neue Folge. VI. Jahrg. (1841) Heft 2, Seite 32.

Register.

Stammtafeln.

I. Die ausgestorbenen Aeste der Herren von Stubenberg.
II. Der noch blühende Ast dieses Geschlechtes.
III. Die Versippung der Herren von Stubenberg mit den Häusern Ortenburg-Sponheim in Kärnthen und den Grafen von Görz und Tirol.

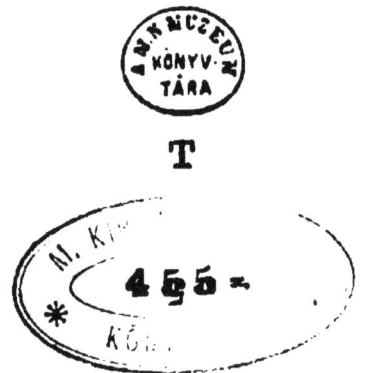